《评估指南》背景下幼儿园保育教育

一日生活

主编◎徐曼丽　陈晓鹭　韩　志

中国出版集团有限公司

世界图书出版公司
北京　广州　上海　西安

编委会

序

学前教育工作是一项奠基工程，也是一项未来工程。办好学前教育，关系亿万儿童健康成长，关系社会和谐稳定，关系党和国家事业未来。

党的十九大提出，要在"幼有所育""幼有优育"上不断取得新进展，习近平总书记就学前教育改革发展多次作出重要批示。我国已经进入高质量发展阶段，党的十九届五中全会从国家层面提出了建设高质量教育体系的要求。由此，学前教育已真正成为高质量教育体系的有机组成部分。

"十四五"是学前教育从高速增长向高质量发展转型的关键期，即从公益普惠向优质发展。为此，我们应根据高质量的要求，深入思考学前教育改革和发展中关于"培养什么人、怎样培养人、为谁培养人"的根本问题。2022年2月，教育部印发《幼儿园保育教育质量评估指南》（以下简称《评估指南》）指出，坚持社会主义办园方向，践行立德树人的使命，树立科学评价导向，推动构建科学保教体系，整体提升幼儿园办学水平和保教质量。《评估指南》首次将"品德启蒙"列入幼儿园"办园方向"关键指标，幼儿品德启蒙教育的重要性愈加凸显。

幼儿教育除了文化启蒙，更重要的是良好品德的培养，对于幼儿个体成长与发展具有重要的奠基作用。

《评估指南》颁布两年以来，各地纷纷响应，践行文件精神。但是很多幼儿园依然无法理解和参透《评估指南》的精髓，无法真正落实其精神，不知如何在保育教育中践行。在现实执行过程中文件是文件，保教过程是保教过程，两者出现了剥离，前者成了用来学习的理论，并没有很好地引导后者质量的提高。

怎样在两者之间架起联系的桥梁，让文件的精神落实在保教过程中，更契合一线工作者的需求呢？

本书立足幼儿品德启蒙教育探索与研究，以习近平新时代中国特色社会主义思想为引领，贯彻《新时代幼儿园教师职业行为十项准则》和《评估指南》，从《评估指南》中提取品德教育、保育工作、运动健康、安全工作、一日生活、幼小衔接、师幼互动、家园共育、环境创设、园本教研十个核心方面，分别进行阐述，其内容全面，涉及幼儿园工作的各个方面；每册目标鲜明、主题突出、论述亲切、可读，案例选材经典、主题深入、分析精练，有利于教师灵活使用。

为了增强可读性、时效性和操作性，图书中的案例作者以幼儿园一线教师为主，事件是发生在实际生活中的，建议是基于成功经验的总结和提升的，他们能够以理论为工具，对教育行为和实践进行对照分析，每个案例的说明，都以落实《评估指南》为目标，能尽快提高师德素养与保教能力，也有助于幼儿家长等社会人士了解幼儿品德启蒙教育的相关知识与技巧。

希望本书能够引起广大教师的共鸣，为幼儿品德启蒙教育实践提供借鉴与指导。让《评估指南》不再是文字要求，而是行为自觉。

希望这本书能给幼教工作者们以启发，也希望对幼儿园品德课程改革起到引领、启迪和借鉴的作用。

杨雅清

前 言

　　幼儿园教育是通过幼儿在园一日生活来组织实施的。正如陶行知先生所说，生活即教育，真正的教育是生活与生活的摩擦。尊重幼儿的生活，被视为幼儿教育质量的核心，是以"幼儿为本"的幼儿教育的基本特征，也是当今世界幼儿教育的普适性追求。幼儿一日生活应该蕴涵对幼儿生命及其发展的关注、理解和尊重。回归幼儿生活世界的本质是承认、尊重生命的存在和生命成长的现实和需要，让幼儿在一个真正属于他的、能让他的生命得到萌发的、现实的、感性的和真正能彰显其主体性的环境中生活和学习。使幼儿真正处在一个自己的需要、兴趣、潜能可能得到充分发挥的世界里，使其生命更具活力，更有力地成长。

　　《评估指南》中提到，遵循幼儿身心发展规律和学前教育规律，尊重幼儿个体差异，坚持以游戏为基本活动，珍视生活和游戏的独特教育价值。因此，我们应该牢固树立"一日生活皆课程"的理念，帮助幼儿在活动中生活、在生活中发展。幼儿园教育应尊重幼儿身心发展的规律和学习特点，充分关注幼儿的经验，引导幼儿在生活中生动、活泼、主动地学习。幼儿园教育应重视幼儿的个别差异，为每一个幼儿提供发挥潜能，让他们在已有的水平上得到进一步发展的机会和条件。

《幼儿园教育指导纲要（试行）》（以下简称《纲要》）指出：幼儿园应为幼儿提供健康、丰富的生活和活动环境，满足他们多方面发展的需要，使他们在快乐的童年生活中获得有益于身心发展的经验。幼儿园的一日生活是具体的，甚至是琐碎的，幼儿生活能力的获得是一个漫长的过程，需要教师不断提醒、引导和帮助；需要教师能专心，有耐心、恒心和爱心。在生活照顾方面，教师要有坚定的立场，要"一切为幼儿""让幼儿拥有幸福的童年"，把幼儿利益放在首位，既要满足幼儿的生理需求，促进其体格和身体机能的发育，又要让幼儿感受到规律、稳定、安全和被接纳的心理氛围；既照顾、关心和帮助幼儿，又要切实维护幼儿的尊严，培养幼儿的独立性、自主性，满足幼儿探索和自我服务的需要。教师在一日生活中要真正把保育和教育有机结合，让幼儿在生活活动中身心得到发展。教师要能够在一日生活的过程中敏锐地发现各环节活动中蕴含的教育价值和契机，并通过及时、有效的支持和引导，将这些价值发挥出来，使活动中的幼儿获得价值引导下的发展。

目录

第一章　一日生活组织的基本原则

第二章　一日生活的实施策略

第三章 一日生活的时间安排

第四章 一日生活的指导

微信扫码

● AI 教学助手
● 内容图谱
● 知识图卡
● 保育笔记

第一章
一日生活组织的基本原则

幼儿一日生活是指幼儿一天在园的各种活动，包括生活活动、游戏活动、集体活动。各部分活动之间是相互联系、相互影响的有机整体，在幼儿的一日生活中蕴含着丰富的教育契机。《评估指南》指出：坚持以游戏为基本活动，珍视生活和游戏的独特教育价值。一日生活是课程中非常重要的组成部分。幼儿良好的生活卫生习惯、生活自理能力、人际交往、品德启蒙、阅读、语言沟通，还有日常生活的种植、饲养、观察、探究等方面的学习都自然渗透在一日活动中。

第一节　稳定性与灵活性

幼儿一日生活的稳定性，是指教师遵循幼儿园制定的科学、合理、稳定的生活制度与常规，有相对稳定的一日活动作息时间表，能够帮助幼儿养成有秩序的生活习惯，使幼儿达到自我约束又不感到外在压力，自由自在又不扰乱集体秩序，在活动与休息、室内与户外活动、运动量大与运动量小的活动之间达成总体的平衡。让幼儿每一天的生活井井有条，并更有效率。

一日活动作息时间表给予师幼明确的任务指向，但在具体执行的过程中，还需要体现稳定性与灵活性的结合。时间表只是教师安排与组织幼儿园一日生活的指导框架。在这个指导框架内，教师应当尊重幼儿的时间体验，根据幼儿的兴趣、需要和实际情况的变化，灵活安排幼儿园的一日生活。例如，户外游戏的时间到了，但是室内区域活动的游戏材料还没有整理完，这时教师组织幼儿寻找整理材料的方法，最后将室内游戏材料整理完成才出去进行户外游戏。教师根据实际情况及时对活动时间进行调整，帮助幼儿解决游戏中遇到的问题，充分尊重幼儿正在"经历"的问题。

幼儿在每个环节可以做什么，应该在教师计划的基础上给予幼儿充分的选择权和决定权，有助于促进幼儿的主动学习。

随着天气、内容、材料、人员的变化，计划表的时间段、先后顺序可以灵活调整。教师要根据《纲要》和本班幼儿的实际情况，制订切实可行、富有弹性的工作计划，并灵活地执行，科学、合理地安排和组织一日生活。

第二节　计划性与随机性

　　教育活动是有计划的活动，教师应强调教育计划的合理、科学，但是即使是最有经验的教师制订的最周密的计划，也不会与幼儿的实际结合得十全十美。为了提升教育效果，教师还要善于在活动中从幼儿那里获得信息反馈，适时地发挥教育机制的作用，调整已有的方案，使教育更贴近幼儿发展的实际水平。

　　早晨纷纷扬扬的大雪飘落下来。小朋友来到幼儿园兴奋地讨论下雪后想堆雪人、打雪仗。老师听到孩子们的议论后，及时进行反思，今年入冬以来的第一场雪，正是幼儿探索雪世界的宝贵资源，于是随机生成"雪"的课程。"雪是怎么形成的？""雪是什么形状的？""下雪了，我们可以怎么玩？"

　　幼儿园要赋权给每一位教师，教师可以根据主题目标和当前兴趣调整活动。从活动组织的时间到具体活动内容安排，在主题整体框架体系下，根据幼儿当前兴趣引发的话题，延续或生成新的内容，预设或生成新的话题。

第三节　适宜性与有效性

一日生活的各项活动应是符合本班幼儿发展特点的活动，活动的选择应贴近幼儿生活，活动内容来自幼儿需要。尽管教师精心选择和设计一日活动。但是日复一日的重复，幼儿在一日生活是否能够持续发展，还需要基于教师的"观察"。教师要能够看见幼儿在一日生活各类活动中的行为表现和发展变化，并给予有效回应，支持和拓展幼儿的学习。

有些教师习惯于日复一日地完成各个环节的任务。但对每一个环节中幼儿的反应缺乏关注，或不会判断。这很容易产生幼儿无效学习或学习无效的结果。从价值的意义上看，幼儿常常在浪费时间。所以，教师要切实地了解幼儿的需要，尤其是发展的需要，努力使幼儿的学习与幼儿的需要、兴趣一致，与幼儿的发展要求一致，使幼儿的学习取得最大的成效。

苗苗班在楼道设置了"苗家小馆"，苗家小馆刚刚开放的时候，幼儿把小馆里面的材料搬来搬去，经常把小馆里的材料弄得满地都是，游戏结束后十几分钟也整理不好。持续一段时间后，教师发现小馆里一直比较混乱，没有什么改观。于是开展了"小馆里为什么每次都收拾得那么慢"话题讨论。讨论结束后，幼儿开始制作小馆里的标识，收拾材料能够按照标识归位。

幼儿玩了几天后，出现了新的问题。幼儿纷纷穿上围裙扮演厨师，拿来食材争相在灶台上制作美食，但是美食制作好后没有顾客。灶台前常常因为"厨师太多"而拥挤。针对餐厅里需要哪些角色，师幼进行了思考和讨论。幼儿讨论并制作了厨师、配菜员、服务员、收银员、顾客等角色牌，苗家小馆又营业了！现在餐厅里大家各司其职，活动井然有序。

第四节　主体性与引导性

幼儿园一日生活安排与组织要均衡幼儿主体与教师主导的时间。幼儿园一日生活安排与组织过于重视教师主导的时间，相对忽视了幼儿自主的时间，使得幼儿"自我"的时间相对较少，常常处于高控状态之中。教师可以与幼儿共同安排与组织幼儿园一日生活，彰显幼儿作为"存在者"的价值，让幼儿拥有安排自己时间的权利。例如，可以给予幼儿表达自己想法的机会，为幼儿提供自主选择的空间，让幼儿依据自己的兴趣选择要开展的活动。

在幼儿园的教育活动中，幼儿是学习的主体，幼儿的主体性与教师的引导性实现有机统一，二者相互尊重、相互理解、相互支持。教师应成为幼儿学习与发展的"同行者"。所谓"同行者"，是强调教育要追随幼儿的发展。这要求教师在"同行"过程中通过观察去发现和识别幼儿的兴趣，在对幼儿兴趣所蕴含的学习与发展价值进行科学研判的基础上，发挥兴趣的动力作用，通过创设环境、投放材料、直接指导等方式支持和拓展幼儿的有意义学习。例如，冬天幼儿每天早晨来园喜欢趴在窗户的玻璃上哈气，还在玻璃上的白团作画。刚开始老师很生气，因为小手印总是把刚刚擦净的玻璃弄花。后来老师突然意识到幼儿对于哈气感兴趣就是很好的学习机会，于是跟幼儿开展了一次关于哈气的探索。

第二章
一日生活的实施策略

第一节 体现整体性

一日生活皆课程，教师应树立教育与生活相融合的观念，将幼儿成长的时间、空间看作一个完整、连续的整体，将幼儿生活活动、游戏活动与教学活动三者有机融合、相互促进。我们虽然将一日生活分为入园、盥洗、进餐、区域游戏、户外活动、午睡等多个环节，但幼儿的学习方式是在一日生活中体现的。一日生活的许多内容都是幼儿的学习内容。我们应将"整体性"原则融入一日生活各环节中，及时把握幼儿一日生活各环节的教育契机。教师要针对幼儿园生活活动中出现的问题和培养重点，生成教学活动内容。只有实际地进行与每一个幼儿的生活密切相连的教育，才可能成为一种自然而然的与幼儿个性相适应的教育。

喝水是一日生活的一个环节，针对幼儿不能主动喝水的问题，教师开展"为什么要喝水""什么时候喝水"的讨论，让幼儿知道了喝水的好处，了解了喝水对自己身体健康的重要性，促进幼儿形成"主动喝水"的内驱力，从而培养幼儿良好的生活习惯，学会对健康的自我管理。

一日生活的教育目标要在各个环节互相渗透，互相促进。比如小班规则意识的培养。玩秋千的时候，幼儿都想去玩，但是坐在秋千上的幼儿又不想下来。怎么办呢？幼儿把在公园玩秋千的经验迁移到规则的制定："我们可以轮着玩。""每个人荡 10 下，就下来让别人荡。""我们排好队，队伍的第一个小朋友先荡。"幼儿这种规则意识的培养同样会迁移到其他生活环节，如娃娃家谁来扮演妈妈、厨房里谁来当厨师等。

第二节 体现游戏性

《评估指南》指出：以游戏为基本活动，确保幼儿每天有充分的自主游戏时间，因地制宜为幼儿创设游戏环境，提供丰富适宜的游戏材料，支持幼儿探究、试错、重复等行为，与幼儿一起分享游戏经验。为实现幼儿"有时间玩"，幼儿园调整了一日生活安排，建立了游戏场地轮换制度，保证幼儿每天在游戏场地有一小时以上的连续自主游戏时间，使幼儿有机会进入复杂且深度的学习探究阶段。这样的理念和做法还延伸到室内的游戏中。幼儿将室外游戏中的经验迁移到室内。正是室内与室外不同的环境条件、材料类型，甚至同伴的密度和交往便利程度，为幼儿验证经验、调整交往方法等，提供了新的契机。

幼儿园将游戏精神渗透在一日生活中，幼儿在以游戏为基本活动的一日生活中获得整合的经验。幼儿在游戏后可以进行游戏绘画表征，教师一对一倾听幼儿的游戏绘画表征，幼儿每天有机会以多种方式反映和表达他们在游戏中获得的经验，认识和反思自己的经历，理解自己的经验，与同伴一起分享游戏经验。这些机会促使幼

儿进一步探索，从而培养他们的洞察力和深度发现的能力，促使他

们持久学习以及知识体系不断发展完善。

第三节　体现自主性

幼儿园要充分体现幼儿为主体的一日生活，幼儿有充分自由自主的时间和空间进行游戏、生活。幼儿园的一日生活安排尽量宽松，从时间节点上不要求统一安排，一日生活时间的划分改变原来的碎片化、大一统的做法。根据不同活动之间内在联系和幼儿兴趣、需求整合一日生活，使之"模块化"，从而为幼儿提供大段充足的可以自由支配的活动时间。比如7:30～8:40幼儿来园、区域活动、如厕、洗手、早餐、餐后自主活动就可以整合成一个模块。幼儿早晨来园后，整理衣物、测温、自主进入区域活动。可以进行天气记录、植物观察记录、阅读、室内游戏等。当餐车推进班级内，幼儿开始收拾整理玩具，有的幼儿收拾整理玩具材料比较快可以先去洗手取餐。在一定的就餐时间段内，有的幼儿手里的图书还剩几页没有看完，他也可以选择先看完。来园晚的幼儿换脱衣服，教师也不必催促，幼儿在这个环节收拾整理玩具、洗手、如厕、取餐等环节有先有后，幼儿在盥洗、取餐排队时间不会太长，避免了消极等待。

在同一时间段幼儿同时开展两个或两个以上的活动，保证幼儿在这个时间段有更多的自主选择，尊重了幼儿的个体差异性。幼儿不必总是处于教师的高度控制下，幼儿在园的状态是从容自在的，幼儿的生活和学习是宽松自主的，从而提高了幼儿在园活动的效率和质量。

充分尊重幼儿的个体差异，幼儿能够自我决策、自我安排、自我设计关于他们的一日生活，彰显幼儿作为幼儿园小主人的地位，从而实现自我管理。在一日生活中，可以为幼儿提供一定程度的自由选择权。在户外活动时间，可以让幼儿自主选择游戏场地和玩伴；在环节衔接的时间，可以自主选择活动区进行游戏。这样不仅可以满足幼儿的兴趣和需求，还有助于培养他们的自主性和决策能力。

幼儿园后院扩建成了富有野趣、自然的游戏场所。幼儿都盼望着去这里玩。可以给它起个什么名字？想在这里玩什么？需要补充哪些材料？玩的时候需要注意什么？教师通过问卷星面向幼儿征集了名字——"花草园"，以及花草园需要补充的材料。教师组织幼儿制定花草园应该注意的安全事项，引导幼儿通过绘画表征的方式表达自己对安全事项的认识。教师对幼儿的绘画表征进行分享整合，形成了花草园的安全标识图。

第三章
一日生活的时间安排

第一节　科学规划

一、时间的适宜配比

幼儿园一日生活作息时间安排的权利交给班级，由班级师幼讨论决定一日活动的安排秩序。当然，教师要遵循几个前提，活动安排要遵循室内室外交替、集体与自由交替、动与静交替的原则。在时间上要满足体育活动不少于一小时，户外活动时间不少于两小时。教学活动时间不超过一小时，游戏时间力争保证每天两小时的条件宗旨，要给孩子更多"活"的游戏时间，要体现一日生活的生活化、游戏化。

二、重叠安排

幼儿一日生活的重叠安排是指在一天的时间内，将不同活动相互穿插，使得各项活动在时间上有一定的重叠，以提高时间的利用率和活动的连贯性。一日活动中，最易发生等待现象的是在环节过渡阶段，如生活活动与教学活动交替环节。例如，吃完点心准备集体活动环节，先吃完的幼儿要无聊地等待所有同伴吃完，教师才开始集体教学活动。餐前幼儿统一排队洗手，因为无聊，幼儿会互相打闹、说话，班级经常处于无序状态，极易发生安全事故，也不利于幼儿良好习惯的培养。一个班级 30 名幼儿，因年龄、环境、教育等造成的发展差异，让他们在相同时间里达到完全一致的要求，对大部分孩子来说是不公平的。那么哪些活动时间可以重叠，减少等待呢?

为充分体现自由、自主的特征，在每天 7:30 ～ 8:40 这个模块，入园整理、餐前区域活动、餐前准备、取餐、进餐、餐后区域活动是重叠的，一个环节和下一个环节自然过渡，教师没有过多的语言提醒，幼儿看到餐车推进教室，陆续收拾整理玩具材料，陆续洗手、挂毛巾、放水杯，自主取餐，进餐，餐后整理后陆续进入区角活动，避免幼儿消极等待时间过长。在 8:50 ～ 10:00 这个时间段，户外游戏活动与幼儿自主饮水、如厕是重叠安排的。在 10:00 ～ 11:00 体现了学习活动与生活活动的重叠安排。幼儿回到教室自主绘画表征时可以根据需要来安排是先画画，还是先去如厕、喝水。先画完的幼儿可以找到教师一对一倾听，还可以进入区域看书等。确保各项活动之间的过渡自然、顺畅，避免让幼儿感到紧张和疲劳。

活动时间重叠的理念，对幼儿来说最大限度地满足了幼儿个体在内容与速度方面的需求。在给予幼儿自主、自由的同时，让他们学会计划与调整。对教师来说，既避免了等待现象，又寻找出更多的自主游戏时间，从外显规则管理走向内隐规则管理。

案例：嘉嘉上午的生活记录

嘉嘉早上 7:40 进入班级，放卡、换室内鞋、脱衣服、整理自己的外套。走到盥洗室洗手、挂毛巾，在自己的水杯柜上放上小水杯。接着他到区域安静地进行游戏。

8:10 教师将早餐推进班级，嘉嘉看到后收拾整理好自己的游戏材料，去盥洗室洗手、擦干，走到取餐区拿餐盘取了今天的早餐，找到空位置坐下开始进餐。进餐完毕，他整理了自己掉落在桌子上的食物残渣，收拾餐具，去盥洗室漱口、洗手、擦嘴。进入阅读区进行自主阅读。

8:50 进餐完毕的音乐响起，嘉嘉整理好图书，如厕、穿衣服、换鞋子。教师带着已经整理好的幼儿去户外场地，后面的幼儿收拾好跟随另一名教师去户外场地，大家自行解散选择喜欢的游戏材料进行游戏活动。9:20 和 9:35 他分别喝了两次水。

10：00 户外游戏结束音乐响起，嘉嘉收拾整理好场地里的游戏器械，进入班级如厕、洗手、喝水，从美工区拿了水彩笔和 A4 纸，找到自己的位置开始进行今天的游戏故事绘画，画完后盖上自己的姓名印章找老师做"一对一倾听"，记录完毕将自己的作品放到作品袋中。

10:40 集体活动，大家分享今天的游戏故事。

11:00 教师将午餐推进班级，集体活动结束，嘉嘉把自己的椅子搬回去，去盥洗室餐前洗手，再到取餐区取餐、进餐、进行餐后整理。进餐完毕自主进入娃娃家进行游戏。

11:50 午睡音乐响起，嘉嘉收拾好娃娃家的游戏材料，如厕、洗手，躺在床上准备午睡，12:10 正式进入梦乡。

三、弹性安排

实行弹性化的一日作息时间。幼儿一日生活的弹性安排需要充分考虑幼儿的个体差异、兴趣需求和突发事件等因素，通过灵活调整时间、尊重个体差异可以促进幼儿自主管理，由"他律"走向"自律"，由"自律"形成"自主"，这种弹性安排有助于创造一个更加自由、有序且富有弹性的环境，促进幼儿的全面发展。根据活动的实际进展和幼儿的兴趣，适时调整活动时间。如果发现幼儿对某个活动特别感兴趣，可以适当延长活动时间，以满足他们的探索欲望。

第二节　具体安排

一、7:30～8:50入园、区域活动、早餐、餐后整理与自主游戏、户外活动前的准备

操作提示：

（1）幼儿陆续来园，可自主参加整理、观察等活动。

（2）幼儿自主选择区域活动内容，自由探索。教师以观察为主，了解不同幼儿的发展水平与特点。根据幼儿的发展水平及兴趣更新、调整游戏材料。

（3）建议餐车推进活动室时，幼儿收纳玩具，有序如厕、洗手。

（4）幼儿自主取餐、进餐、餐后整理，餐后自主选择区域游戏。

（5）教师以巡视、观察为主，教师轻声提醒幼儿科学、文明进餐，不打扰幼儿。

二、8:50～10:00户外游戏、收拾整理器械

操作提示：

（1）幼儿自主选择游戏材料、游戏场地、玩法和玩伴。

（2）教师不干涉、不打扰幼儿游戏。

（3）教师观察并记录幼儿的游戏行为表现。

（4）幼儿根据需要自主饮水。

（5）幼儿按标识将游戏材料分类收纳整齐。

三、10:00～11:00生活和学习活动（如厕、喝水、绘画、一对一倾听、绘画后的分享、自主游戏）

操作提示：

（1）游戏后的绘画表征。

（2）教师用欣赏的态度一对一倾听、记录幼儿的绘画表征。

（3）可采用集体、小组、个别等形式进行游戏故事分享。

（4）集体分享时，以幼儿讲述为主，教师不对幼儿的分享加以主观评判。

四、11:00～14:30生活与游戏（午餐前准备、午餐、餐后整理、自主游戏、散步、午睡前故事、午睡、起床、起床后的餐点）

操作提示：

（1）餐车推进活动室时，幼儿有序如厕、洗手。

（2）自主取餐、进餐、餐后整理。

（3）教师以巡视、观察为主，鼓励幼儿科学进餐，不剩饭。

（4）餐后自由选择区域游戏、观察植物。

（5）幼儿自主如厕、脱外衣，整齐摆放外套、鞋子。

（6）创设安静舒适的午睡环境，教师播放睡前故事。教师巡视、观察、幼儿采用正确睡姿，为幼儿盖被子，准备午点。

（7）幼儿自主穿衣服、整理卧具。

（8）幼儿自主取午点、整理桌面。

（9）幼儿能够站在观众前进行新闻播报。教师使用具体描述的方法进行提升、总结幼儿的播报。

五、14:30～15:00集体活动

操作提示：

（1）教学活动以幼儿直接感知、实际操作和亲身体验为主，教师不做单纯的讲授活动。

（2）给予幼儿充分尝试、探索、动手操作的时间，讨论与主题活动相关的内容。

六、15:00～16:00户外活动（如厕、喝水、户外活动前准备、户外活动）

操作提示：

（1）以器械操作体育游戏活动为主（球类、沙包、跳绳）。

（2）为幼儿创设安全的游戏场地，对幼儿的游戏表现和行为给予鼓励。

七、16：00～17:00生活与游戏（饮水、如厕、餐前准备、晚餐、餐后整理、自主阅读、离园）

操作提示：

（1）幼儿自主取餐、进餐、餐后整理。

（2）教师以巡视、观察为主，轻声提醒幼儿科学、文明进餐，不打扰幼儿。

（3）餐后开展幼儿自主阅读活动，教师一对一倾听幼儿阅读、师幼共读。

（4）幼儿整理自己物品。

（5）幼儿与同伴和教师道别。

（6）教师就个别幼儿情况与其家长进行沟通。

第四章
一日生活的指导

第一节 生活活动

教师应关注生活活动的多方面教育价值。通过幼儿入园、盥洗、如厕、进餐、饮水、午睡等生活活动，帮助幼儿养成良好的生活与卫生习惯，提高自我服务能力，引导幼儿在生活活动中，获得多方面的有益经验。学习穿脱衣服和鞋子，活动结束后能很快地按要求收拾好物品，洗手时不弄湿自己的衣服。这些生活自理能力给予幼儿积极的自我意识和个人效能感。使幼儿富有稳定的情绪和自信心，同时习得生活能力和适应能力。

幼儿生活活动的安排和组织形式应该合理，在生活活动中增强幼儿的自主性，比如，分散喝水、如厕，洗手分流，避免幼儿消极等待。餐具食物多样化选择，睡眠时间个别化处理，在生活活动中解决问题，如喝水量多少？漱口需要接多少水？吃饭时对应摆碗筷、吃午点拿几块饼干等。通过活动引导幼儿养成良好的生活习惯，实现幼儿园一日生活品质的不断提升。

晨间入园环节

视频二维码

今天出勤是多少

▶ **案例背景**

在一次晨间人数统计时，两个值日生统计的人数不一样，经过互相验证，发现了统计表存在问题，在老师的引导下，幼儿展开了统计方法的讨论。利用数据统计培养幼儿观察力、逻辑思维和分析问题的能力。

▶ **环境对话**

班里的出勤签到表是幼儿自主扣印章来统计的，早上来园的幼儿在签到表上扣章，吃完饭后，值日生负责统计签到表上的人数和实际人数。今天值日生家树和乐乐来统计班级出勤人数，家树负责数实际小朋友人数，乐乐负责数签到表上的人数。

家树数的结果是 33 人，乐乐数的结果是 32 人。

▶ **发现问题**

家树又数了一遍小朋友的人数。

家树："咦？我明明数的是对的啊！是不是你数错了？"

乐乐："我一个一个数的怎么会错！"

家树："老师，我们的人数对不上了，我数的是 33，乐乐数的是 32。"

教师："那你们怎么来检查一下问题出在哪儿呢？"

家树："老师，我们可以交换数一下。"

两个值日生互相检查对方数的结果。

教师："你们数完发现问题出在哪里了吗？"

家树："是因为这两个印章扣的时候挨得太近了，乐乐看成一个了。"

▶▶ 解决问题

两个值日生数完发现，是因为签到表上的两个图案离得太近，重叠在一起没有被发现，所以少数了一人，导致统计有差错，为了解决这个问题老师引导幼儿展开了讨论。

教师："刚才值日生因为签到表印章图案离得近，重叠在一起，所以少数了一人，咱们想一想能用什么办法避免这个问题？"

甜甜："老师可以用雪花片，来一个小朋友就往盒子里放一个雪花片。"

乐乐："可以打对勾。"

泽泽："可以画正号，我妈妈教给我一个正号代表 5 个。"

凯凯："老师，我还是觉得扣印章比较好，扣的时候可以离远点儿，这样就不会重叠在一起了。"

教师："那我们试一试到底哪个方法更适合。"

幼儿分别尝试用雪花片、打对勾、画正号、扣印章的方法统计今天的人数，等所有方法都试过一遍之后，幼儿开始了讨论。

教师："试过这些方法后你们觉得哪个方法比较适合？"

幼儿："雪花片更好些，不用排很长的队，其他的都要排队。"

教师："用雪花片的办法用时很短，那我们该怎么快速区分出男孩女孩各多少呢？"

甜甜："老师，可以分颜色，男孩蓝色，女孩红色。"

幼儿用雪花片分颜色再次尝试了签到，值日生很快统计出了总人数，而且还通过数蓝色、红色各多少个，很快统计出了今天男孩女孩人数各是多少。

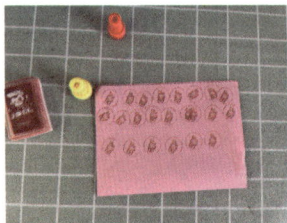

▶ 分析反思

1.案例中幼儿能够通过仔细观察发现误差原因，用最基本的计数法验证统计结果，然后经过讨论、实践过渡到分类去数，在这个过程中幼儿学会观察、记录和分析数据。

2.幼儿有生活经验的积累，提出了雪花片、打对勾、画正号、扣印章等方法来解决统计的问题，并且通过实践能在众多方法中选择最快捷的统计方法。

3.教师在幼儿遇到问题时以观察者和引导者的角度去介入，没有过多干预幼儿的思考讨论，通过抛出问题引导幼儿从两个人的探究活动变成了集体探究活动。

（石家庄市直机关第一幼儿园　赵建建）

微信扫码

AI 教学助手
内容图谱
知识图卡
保育笔记

小白鞋变"拖鞋"

视频二维码

▶ **案例背景**

　　来到幼儿园的小朋友，一般要准备两双鞋，来园路上或者户外活动时孩子们穿轻便的运动鞋，进入室内会在班级门口更换室内"小白鞋"，新生入园后教师会在一日生活通过多种方式支持幼儿掌握穿换鞋子的技能，但由于年龄特点，一部分幼儿会出现经常穿反鞋、穿不上或者拖着鞋走的情况，这样不仅会让小朋友觉得脚不舒服，还会影响小朋友脚部的发育，影响走路姿势。

▶ **环境对话**

　　在发现幼儿不会穿鞋的问题后，教师和幼儿一起讨论如何穿鞋并进行演示。在演示的过程中一边总结穿鞋步骤一边出示图片，最后将图片粘贴在走廊的墙面上，保证每位幼儿在穿鞋的时候能够看见图片。

　　第二天早上入园后，睿睿一边换鞋，一边看着墙上的图片。

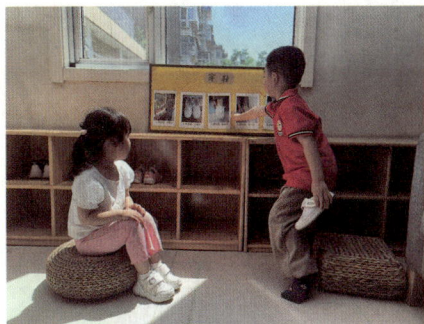

睿睿："老师，我会穿鞋了。"

琪琪："睿睿，我也能穿上。"

陆陆续续来了不少小朋友，关注到墙上的穿鞋图。

▶ **发现问题**

　　最近一段时间，发现安安总是把小白鞋后跟踩在脚底下当作拖鞋来穿，每次见到教师都会提醒安安，有时看到她还是没有提起来，教师就会帮她提一下。因为安安上周是会穿鞋子的，所以教师并没有觉得是她遇到了困难，当教师连续几天看到安安一直这个状态的时候，教师突然意识到，安安可能在穿鞋子上遇到了困难，经过跟安安沟通和家长沟通了解到新鞋子带回去洗了一次，鞋子变小，安安提不上鞋了。

　　就此，教师和安安进行了谈话……

▶ **解决问题**

教师："安安你是遇到什么困难了吗？"

安安："老师，我的鞋子穿不上了。"

教师："你有使用我们学过的穿鞋方法穿鞋子吗？"

安安："是的，可还是穿不上，脚进去紧紧的不舒服。"

教师："这个还是你之前的小白鞋吗？"

安安："是的。"

教师："老师帮你再试试。"

　　试过之后虽然可以穿进去，但安安感觉还是有点紧，但没有一开始那么不舒服了。

在离园时，教师也及时地跟安安的父母进行了沟通。

教师："是给安安换鞋了吗？安安的小白鞋最近穿不上了，总是拖着鞋走。"

安安妈妈："没有，只是将小白鞋洗了。"

教师："鞋子清洗之后会缩水，变小变紧了，家长可以在清洗之后帮孩子撑一撑。"

然后针对鞋子洗过一水有点变小变紧的问题，教师和班上幼儿一起讨论，遇到这种问题应该怎么办呢？

教师："安安的鞋子洗过一次突然变小了，怎么也穿不上，该怎么办呢？"

陌陌："可以找老师帮忙。"

郎朗："回家跟爸爸妈妈说。"

安安："可以拿纸撑一撑。"

▶ **分析反思**

穿鞋是幼儿一日生活中经常发生的事情，教师一味地提醒、帮助和家长的包办代替并不能解决问题，跟幼儿讨论穿鞋方法，掌握穿鞋要点，学会自主穿鞋才能真正解决问题。

1. 根据小班幼儿爱模仿以及以具体形象思维为主的学习特点。案例中，教师通过具体形象地演示正确的穿鞋方法，并与幼儿一同商量，逐步出示穿鞋图，将图谱粘贴在走廊里，向幼儿展示。

2. 教师与幼儿一起探讨当鞋子清洗后穿上紧紧的不舒服就是"变小"了的现象。针对小白鞋清洗之后"变小"鞋子该怎么穿的问题，师幼共同寻找方法，例如，幼儿可以寻找老师帮助；在家可以告诉爸爸妈妈；或者可以把小手握成拳头伸进鞋洞撑一撑。教师也及时跟家长沟通，小白鞋回家清洗晾干后帮助幼儿撑一撑，松一松，方便幼儿来园穿脱，实现家园共育，从而提高幼儿的自理能力，学习如何更好地照顾自己。

3. 教师始终在积极关注幼儿生活的状态，当幼儿出现拖着鞋走的情况时，教师并没有一味地包办代替或视而不见。例如，前一周还会穿鞋，到这周出现穿不上鞋的问题。当出现问题时，教师积极采取措施帮助孩子解决实际问题。

（石家庄市第三幼儿园　王燕沙）

拯救袖子

视频二维码

▶ **案例背景**

晨间入园，木木正在整理自己的外套，"两扇大门先关好，两只袖子抱一抱"，咦？袖子哪去了，怎么只有一只呀？他将衣服翻过来翻过去，找另一只袖子，"打开大门"，发现袖子藏在了里面，木木把找到的袖子使劲往外塞，松开手的时候袖子又回去了，小朋友们看到了纷纷来帮忙。

▶ **环境对话**

教师将叠衣服的步骤图贴在班级门口，方便幼儿叠衣服时可以参照学习，第二天早上幼儿纷纷到班级门口观察图片进行叠衣服。

丫丫："豆豆，你看我会叠衣服啦，我照着图片叠的。"

豆豆："为什么我的衣服叠不好呢？你帮帮我吧。"

丫丫："我来帮你吧，两扇大门关一关，两只袖子抱一抱，嗯？怎么少一只袖子呢？"

豆豆："它在衣服里面。"

妞妞："我来帮你吧，得把袖子拿出来。"可是妞妞拿着袖口却拽不出来。

▶ 发现问题

通过在班级门口贴叠衣服步骤图，小朋友们对叠衣服更感兴趣了，大部分幼儿都能按照步骤把衣服叠整齐。有个别幼儿不会叠，需要老师或小朋友帮忙，原因是在脱衣服时会把衣服脱反，袖子会脱在里面，所以在叠衣服时就会遇到问题。针对这一问题教师和幼儿进行了讨论，怎样脱衣服袖子不会脱反？怎样叠衣服才能叠得更整齐？

▶ 解决问题

午睡前组织小朋友们脱衣服，教师引导幼儿了解衣服的基本结构。让幼儿对自己的衣服进行了细致观察，衣服有"里外""前后""上下"的区别，"小朋友，你们把衣服放在床上看一看，是不是两个袖子都在外面呢？"

小宇："老师，豆豆的袖子在衣服里面。"

教师："谁能帮他把袖子拽到衣服外面呢？"

可可小朋友把衣服铺平，找到小洞洞用手把袖子拉出来。

教师："可可是把手伸进袖子洞洞里，用手攥住袖口，不松手，一直把衣服里面的袖子拽出来。那想一想，脱衣服的时候，怎么脱袖子就不会在衣服里面了？"

天天跑过来演示脱衣服，只见天天手背后，左手帮右手拽袖口，脱下一只袖子。又用右手帮左手，脱下另一只袖子。衣服就成功脱下来了。

教师："刚才我们找到了脱衣服的方法和衣服脱反了把袖子拉出来的方法。现在可以试一试天天脱衣服的方法。"

幼儿开始尝试天天的脱衣方法，教师将脱衣方法提炼总结成小儿歌："拉下小拉链，两手开小门，小手背后面，左手帮右手，拉下小袖口，后面拉一下，前面拉一下，衣服脱好啦。"

教师："让我们跟着儿歌一起叠衣服吧！"

手拿小衣领，衣服先铺平，两扇大门关一关，两只袖子抱一抱，帽子向下点点头，弯弯腰，捏紧两边放回家。

▶ 分析反思

部分小班幼儿自理能力和动手能力都较欠缺。学习穿脱衣服，是培养幼儿自理能力的一个重要内容。让幼儿在生活中愿意自己穿脱衣服，就要注重利用生活环节通过环境图片、生动有趣的儿歌、教师引导、同伴互助等多种教育方式，充分调动幼儿自我服务的意愿。

1. 当教师发现幼儿在叠衣服时出现新的问题——袖子不见时，教师利用午休前的时间，帮助幼儿认识衣服的结构，学会区分衣服的前后、里外、上下。

2. 幼儿通过观察、讨论、尝试、练习，学会了脱衣服的小技巧，能够小手攥住袖口脱衣服，为后续叠衣服降低难度。

3.本次活动从幼儿脱衣服出现的问题出发，与幼儿共同探讨、思考，从而解决问题。幼儿在学习的过程中，原有经验得到了发展，更多的幼儿愿意尝试自主穿脱衣服，学会整理、叠衣服。体验了成功的喜悦，提升了幼儿自信心。

（石家庄市桥西区际华苑幼儿园　王美玲）

温度计的奥秘

视频二维码

▶ **案例背景**

晨间入园，幼儿进行天气记录时，大部分幼儿会用图画的方式记录晴天、阴天、雨天等天气状况。连续好几天，馨馨都问："老师，今天多少度？"老师每次都先查看手机的天气温度，再告诉馨馨。馨馨的问题引来了更多幼儿的关注，很多幼儿也会询问天气的度数并记录在天气记录表中。针对幼儿对天气记录的新需求，教师随后在自然角投放了温度计便于幼儿自己观察和记录温度。

▶ **环境对话**

"哇！有温度计了，让我看看是多少度。"孩子们开心地说。馨馨看着温度计，用手指着："今天应该是 18℃吧。"小玉在一旁也认真地看着温度计："温度计上边好多数字呀，从哪里开始数呢？"

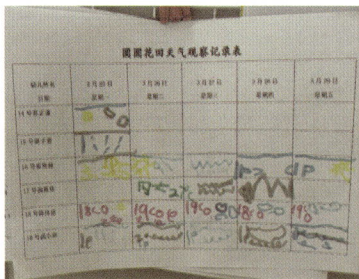

▶ **发现问题**

提供温度计后，幼儿对温度计充满兴趣，每天都有很多幼儿围在温度计前观察和讨论。经过一段时间，教师发现除有小部分幼儿记录晴天、阴天等天气状况外，大部分幼儿不会从温度计上读取度数。

▶ **解决问题**

老师组织了一次"认识温度计"的活动。

依依说："温度计上有 0、10、20、30……"琦琦说："在数字中间还有很多线条，有长的有短的。"老师："这些线条将 0 到 10 分成了几格呢？每个格子代表多少？"依依："分成了 10 个格子，每个格子都是 1。"其他小朋友都很赞同依依的说法，随后，和小朋友从 0 开始一格一格数到 10，对依依的说法进行检核。小朋友们了解到每两个线条之间的格子都是一个单位量。

小朋友们还关注到了红柱，老师："红柱的作用是什么？"楚楚说："红柱到哪里就是多少度。""那这张照片上看温度是多少呢？"

楚楚从 0 刻度线开始一格一格数到了红柱顶端最后得到 18℃。将从零刻度线开始一格一格向上数来读取温度计上度数的方法进行共享，之后小朋友们在进行天气记录时，能够顺利读取度数并进行记录。

随着温度变化，温度计上红柱的位置也在不断移动，晨间入园后，观察到小朋友们有了新的读取度数的方法。随后开展了一次小组讨论活动，小组内将自己的方法进行分享和记录。

小宇在进行天气记录时，温度计显示是 18℃。他采用从二十开始向下倒数的方法，"19、18"。小宇倒数的方法让大家感到很新奇，都欢呼道："好快啊！"

馨馨在读取温度时，她从零开始，指着温度计上的刻度，五个五个向上数，"5、10、15、16、17、18"数到十五之后，又一格一格数到了红柱顶端对应的位置，得到度数为 18℃。老师："馨馨，你为什么在这里数 5 呢？"馨馨说："整 10 代表有 10 格，整 10 中间有一个中间线，这个中间线就是 5 格。""5 加 5 就是 10，10 加 5 就是 15，剩下的不够 5 个，就继续一格一格数。"

依依说："我的方法是这里是 10℃，10 加 5 是 15，剩下一格一格往上数，10、15、16、17、18。"

幼儿在认识温度计和学会用一格一格数的方法读取度数的基础上，通过小组讨论和分享，将自己不一样的方法进行分享，并利用图表、符号、绘画等方式进行表征。

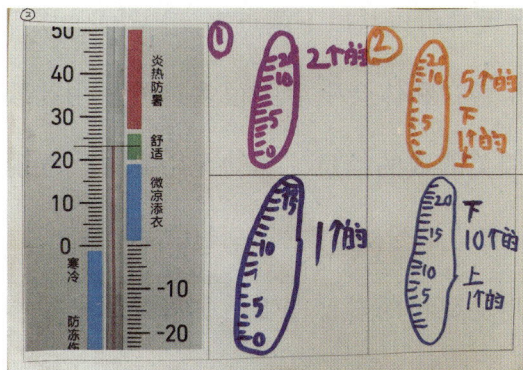

▶ **分析反思**

由晨间入园记录天气温度环节引发的对温度计的认识和了解，激发幼儿解决问题的兴趣。

1.《3～6岁儿童学习与发展指南》（以下简称《指南》）科学领域中指出，大班幼儿能发现生活中许多问题都可以用数学的方法来解决，体验解决问题的乐趣。案例中在使用五格五格数、倒数，甚至10加5等来读取度数时，都是幼儿在间接或直接的用加、减、倒数的方法来读取度数。

2.大班幼儿能用一定的方法验证自己的猜测。在五个五个数时，对于中线位置的确定，幼儿用一个一个数的方法验证中线的位置。

3.《指南》大班科学领域中指出，大班幼儿可以用数字、图画、图表或其他符号记录。在小组分享环节，教师引导幼儿将读取度数的方法用图标和符号的方式进行记录并与同伴分享。

探究中，教师利用一定的"问题支架"给予适当引导，推动幼儿的探究活动。教师可以从以下两点来支持幼儿的发展。

1.引导幼儿感知和体会生活中很多地方都用到数，关注周围与自己生活密切相关的数的信息，和幼儿一起寻找发现生活中用数字作标识的事物，如电话号码、时钟、日历等。

2.鼓励幼儿发现和探索日常生活中需要用到数学的问题，体会数学的用处。例如，跳绳比赛时，让幼儿计数并进行名次排序；室内运动会时，让幼儿用尺子测量确定器械摆放位置，确保比赛的公平性。

（石家庄市桥西区际华苑幼儿园　申亚彤）

进餐环节

视频二维码

我喜欢吃的蔬菜——西红柿

▶ **案例背景**

开学以来教师发现幼儿的挑食现象很严重，结合践行主题"菜市场"，通过每日新闻播报让幼儿了解蔬菜的种类、富含的营养价值及生长过程，养成健康的饮食习惯。

植物角里幼儿种植了西红柿，幼儿通过播报讲解西红柿的生长过程，锻炼语言表达能力的发展，教师引导幼儿积极参与观察植物、照顾植物生长的过程，培养幼儿热爱自然的美好情感。

▶ **环境对话**

昨天小信的播报稿在播报板上展示，今天一早来到幼儿园，就看见小雅站在新闻播报板前观看小信的播报稿，小信看到有小朋友在看自己的播报稿，就再次跟小雅进行分享。

小信："西红柿含有丰富的维生素 C，常吃西红柿身体棒，西红柿还可以做沙拉、番茄酱、西红柿炒鸡蛋、三明治等的西红柿制品。"

小雅："今天我播报，我也讲西红柿，和你不一样，是西红柿的生长过程，我和爸爸一起准备的播报稿。"

正式播报时，小雅手拿讲解棒、双脚站立面向小朋友，她用不大不小的声音进行讲解。

小雅："大家好，今天我给大家介绍西红柿的生长过程，先将西红柿的小种子种到土里，慢慢的它会发芽，越长越大，最后开花结果，我们就能吃到酸酸甜甜的西红柿了，谢谢大家！"

由于小朋友在植物角也种植了西红柿，小雅播报完吸引了很多小朋友来照顾观察西红柿，每天早上小雅早早来到幼儿园，第一件事就是给西红柿浇水。有一天，她发现西红柿的小苗长高了，还长了一片新叶子，她将自己的发现在植物观察记录本上记录了下来，并跟小橙子进行分享。

小雅："小橙子，你看我的西红柿长大了，它长出来一片新叶子。"

小橙子："真的有一片叶子呀！"

小雅："我再给它浇点水，它明天会不会长大？"

小橙子："水多，它会死的。"

小雅："那我们带它去晒太阳吧！"

▶ 发现问题

小雅每天都来给西红柿小苗浇水晒太阳，可她发现这棵小苗一直不开花也不结西红柿。

小雅："老师，西红柿怎么还不开花呢？我播报讲到西红柿发芽后就开花结果呢。"

教师："你给它定期浇水了吗？"

小雅："我每天都浇，我还带它去晒太阳呢！"

教师："老师给你留一个小任务，回家和爸爸妈妈一起收集资料，查一查西红柿的生长期一般为多长？从幼苗期到开花结果期需要多长时间。"

▶ 解决问题

小雅和她的爸爸一起查找资料后与小朋友们分享到西红柿的生长期是 110～120 多天，从幼苗期到开花结果期大概需要 50 天。

小朋友们问道："老师 50 天有多长？"

为了解决这个问题，便于进一步观察，教师请家长朋友将家里不用的日历带来，投放在植物角，小雅每观察一天就在日历上圈画一天，以此来记录天数，直到现在她的西红柿还没有开花。

▶ 分析反思

1. 教师利用播报结合践行主题"菜市场"，给幼儿话题签按照学号用轮流的方式进行讲解，小雅在播报时面向幼儿用不大不小的声音进行播报，并在播报过程中使用恰当的礼貌用语，如："大家好、谢谢大家等"，养成了文明的语言习惯。

每天的绘画后一对一倾听，教师用平和、欣赏的态度认真倾听，并用清楚、简洁的具体描述语言复述幼儿的表达内容，也为幼儿创造一个敢说、想说、喜欢说的氛围。

2. 小雅播报完激发了许多幼儿关注到植物角西红柿的生长兴趣，对自己感兴趣的西红柿能够仔细观察，教师抓住西红柿为什么还没开花这一教育契机，让幼儿主动去查找西红柿从幼苗期到开花结果期到底需要多长时间。

3.幼儿提出 50 天有多长？有了初步的数概念，但并不能理解数与量的关系。教师在幼儿观察时提供笔、植物记录本和日历，鼓励幼儿用绘画的方法记录观察西红柿生长的过程，通过记录建立西红柿从种子到发芽、开花结果的联系以及初步感知天数的概念。

（石家庄市桥西区际华苑幼儿园　牛玉飞）

饭勺怎么握

视频二维码

▶ **案例背景**

　　悦悦是小班的插班生，每天到了就餐时间，她总会用右手一把握住勺子，把勺子放在盘子的边上，然后用左手把饭菜拨到勺子里，再把饭菜送到嘴里。老师观察到后，就如何正确使用勺子进餐的问题与幼儿展开了讨论，养成良好的用餐习惯，提升幼儿的自理能力。

▶ **环境对话**

　　到了餐后整理时间，老师发给每个小朋友一把勺子，然后与大家讨论刚刚是怎么拿小勺吃饭的？小朋友你一言我一语开始讨论起来。

　　森森边做动作边说："我这样抓着勺子吃饭。"

　　萌萌说："我一手拿着勺子，一手扶着碗。"

老师边做动作边说："森森是用右手一把抓住勺子吃饭，萌萌是用右手反抓着勺子，左手扶着碗吃饭，还有哪个小朋友和他俩拿勺子的方式不一样？"

思思边做动作边说："我这样拿小勺。"

老师说："思思是用左手的大拇指、食指和中指拿着勺子吃饭的。"

悦悦说："我是用两只手吃饭的。"

思思说："啊？两只手？"

悦悦做着动作说："就是这样。"

老师学着悦悦的样子说："悦悦是用右手一把握住勺子，把勺子放在盘子的边上，然后用左手把饭菜拨到勺子里，再把饭菜送到嘴里。"

思思挠着头说："那到底是怎么拿勺子呢？"

老师边做示范边说："刚刚看到小朋友们拿勺子的方法都不一

样，正确的方法是张开手掌，掌心向上握住勺子，右手三根手指，也就是我们的大拇指、食指和中指拿住勺子吃饭。"

萌萌说："哦，知道了！"

思思说："嗯，这样拿勺子吃饭快。"

悦悦挠着头说："还是不知道。"

老师说："没关系，慢慢来，我们来听一首关于拿勺子的儿歌，多试几次！"

小朋友们瞪大眼睛看着老师说："拿勺子儿歌？"

老师拿着勺子边做示范边说："拿起勺子，准备好我们就开始啦！小小手，真灵巧，五指变成小手枪，三根手指拿小勺，慢慢送，轻轻舀，我的小手真能干！"

悦悦说："哦，这样拿勺子好玩儿。"

之后小朋友们在老师的帮助下一边听着儿歌，一边拿着勺子练习起来。有的小朋友假装自己吃饭，有的小朋友假装在给娃娃喂饭……

▶ 发现问题

1. 不同幼儿的生活经验是不同的，所以出现了一把抓勺子、反向抓勺子及悦悦两只手吃饭的问题。

2. 悦悦是这学期刚入园的孩子，看似她慢慢"拨"饭菜以及左右"夹攻"的两只手吃饭方式，可以表明悦悦手部小肌肉的力量不够，无法一次性舀出饭菜，才会用左手加以辅助，再把饭菜拨进勺里。

3. 通过"怎样用小勺吃饭"展开的讨论中，小朋友知道悦悦不熟练的进餐技能会在进餐时表现得费时费力，学会拿小勺的正确方式会减少就餐时间。

4. 教师通过餐后实际操作拿勺子的活动引导幼儿不断尝试练习正确的拿勺方法，这是幼儿获取生活经验的学习方式之一。

5. 师幼讨论中教师没有正面回应幼儿拿勺子的方式是否正确，而是引导幼儿说出自己拿勺子的方式后，发现了幼儿使用勺子的方法各有不同，激发幼儿进一步了解如何正确使用勺子的兴趣。

6. 教师借助勺子儿歌游戏的方式，把拿勺子和小手枪直观形象地结合起来，便于幼儿掌握三根手指（大拇指、食指和中指）拿勺子吃饭的正确方法。

▶ **解决问题**

1.教师应尊重幼儿发展的个体差异性，帮助悦悦逐渐从"拨"饭到小勺再把饭菜送到嘴里向右手三指拿勺进餐过渡，就餐时鼓励她从用小勺喝汤（手部力量小）的练习开始。

2.教师为拿勺子吃饭有难度的幼儿选择合适的同伴作为榜样，就餐时可以挨着坐，采用同伴模仿的方式来掌握正确的用勺方法。

3.利用少盛多添的方式让幼儿产生自己吃得又快又多的自豪感。

4.日常生活中选择小游戏帮助幼儿掌握"舀"这个动作，小豆子搬家及给娃娃喂饭等游戏锻炼幼儿手部肌肉的力量和控制力，游戏中巩固正确的用勺方法。

5.倡导家庭中减少成人喂饭的频率，幼儿可以自己拿勺子就餐时应及时鼓励，幼儿拿勺进餐不熟练时给予更多的包容与耐心，循序渐进。

6.推荐亲子绘本阅读《神奇的勺子》和《吃饭自己来》，从生动有趣的画面中掌握正确使用勺子就餐的方法。

▶ **分析反思**

1.教师精准察觉幼儿用勺进餐问题，借讨论激发兴趣，以示范、儿歌游戏直观教学，多数幼儿掌握了正确拿勺方法，在实践练习中不断强化，有效提升了幼儿自理能力，教学成果初显。

2.针对悦悦等特殊个体，虽有策略规划，但一对一指导不足。

仅靠集体活动，悦悦理解与掌握速度较慢。后续应增加个性化辅导，根据其手部肌肉发展状况，定订专属练习计划，助力其尽快适应正确方式。

3.家园共育环节薄弱，家庭中成人喂饭现象仍存。应通过家长会、家长群推送等方式，强化家园沟通，促使家长配合园所教育，在家鼓励幼儿自主用勺，循序渐进培养习惯，携手促进幼儿成长。

（石家庄市直机关第一幼儿园　刘璐）

视频二维码

漱口咕噜噜

▶ **案例背景**

　　吃完饭后小朋友们会洗手漱口，悦悦接了一杯水，含在嘴里漱了一下就吐掉了，涵涵看到后对她说："你就漱了一次口，你嘴里还有东西呢。"悦悦："我看了，已经没有了，我漱口很干净。"于是小朋友们对漱口是否干净的问题展开了讨论。

▶ **环境对话**

　　晚餐加餐是火龙果，餐后大家围在一起讨论着漱口的问题。

　　涵涵："悦悦你就漱了一次口，我看到你的牙上还有火龙果的籽呢，你没有漱干净。"

　　悦悦："我接了水，含了一口水咕噜咕噜使劲漱口。"

　　涵涵："那你再漱一次，你照照镜子，你的嘴上和牙齿上还有籽。"

悦悦扭头看向镜子，发现了火龙果籽，于是用相同的方式进行第二次漱口：嘴巴含一口水，仰起头咕噜咕噜吐出水。她看到水池里吐出了籽，张开嘴巴让旁边的轩轩看一看。

轩轩："我看见你的牙齿上好像还有一点点籽，再漱一次吧。"

悦悦开始进行第三次漱口，漱完看向水池，又吐出来一点籽，这回她张大嘴巴看着镜子，旁边的小朋友也都凑了过来，这回嘴巴里没有籽了。

第二天餐后，琪琪对漱口问题提出了疑问："我们为什么要在饭后漱口呢？"

泽泽："吃完饭漱口，这样里面的脏东西就被冲出来了，嘴巴干干净净的。"

涵涵："漱口了嘴巴就不臭了。"

教师："小朋友说了这么多原因，我看到亮亮正在看一本关于漱口的绘本故事，我们大家一起来看一看吧。"

涵涵："我说得没错，可以保持口腔的清新。"

丁丁："原来漱口还可以把细菌都冲出来，这样牙齿就不会坏了。"

言言："漱口还可以保持口腔的清洁，预防疾病。"

教师："漱口的好处有这么多，我们应该怎样漱口才能干干净净呢？"

轩轩："像悦悦一样，把水含在嘴里，嘴巴鼓起来，然后咕噜咕噜再吐掉，一共漱三次就干净了。"

教师："那我们拿着水杯去接水，一起来试一试这种方法吧。"

▶ 发现问题

有的小朋友接了半杯水，有的接了一杯水，大家在盥洗室验证轩轩的方法，漱完口后大家你看看我，我看看你，张开嘴巴相互检查。

洋洋："你的嘴巴还有点不干净。"

丁丁："你的嘴巴里面没有东西了，我看到你漱口的时候把脏东西都吐出来了。"

亮亮："我的嘴巴和牙齿好像凉凉的，感觉好舒服，我的脏东西漱口的时候都吐到了池子里。"

在饭后的漱口环节中，有的小朋友接了一大杯水，有的接了半杯。

教师："我们在漱口的时候，需要接多少水合适呢？"

妍妍："我们需要多漱几次，得接一杯水吧。"

心心："不用啊，少含点水就行了，可以接半杯，这样不浪费水。"

教师："小朋友有不同的想法，我们尝试一下接不同量的水来试一试。"

▶ **解决问题**

小朋友们自动分了两个小组，第一组接了半杯水，第二组接了一杯水，都按照讨论的漱口方法漱口。

涵涵："一半的水刚刚好，嘴巴漱干净了，水也用完了。"

林林："一杯水太多了，用不完还容易洒水。"

通过大家的验证，接半杯的水漱口比较合适，既能漱干净也能节约水资源。饭后漱完口小朋友们都会相互提醒、相互检查。区域活动时间，涵涵画了漱口步骤图和接水量，大家聚在一起，商量着把图贴在盥洗室。

▶▶ **分析反思**

1. 涵涵发现悦悦嘴里有火龙果籽，于是对漱口是否干净的问题进行了三次讨论和验证。幼儿善于发现周围的现象，一起寻找答案，找到漱口干净的方法坚持饭后漱口，有利于养成认真漱口的良好习惯。

2. 小朋友们相互检查嘴巴，探索接水量的多少，通过相互对比和观察，能够用尝试的方法验证自己的猜想，有利于幼儿探究能力的发展。

3. 幼儿通过阅读绘本故事了解了漱口的重要性，更加清晰地认识到口腔卫生的意义。

4. 涵涵用绘画的方式对漱口方法和接水量进行记录，通过表征加深对漱口的认知，提升了幼儿的观察力和思维能力。

（石家庄市桥西区际华苑幼儿园　刘明）

值日生变形记

视频二维码

▶ 案例背景

"老师，值日生擦的桌子不干净，还有米粒！""老师，豆豆没值日就出去玩了。""老师，本来是我想擦第一遍桌子的。"……在大班，值日生工作出现了新情况：值日生忘记值日、值日生负责的部分工作质量不高、幼儿因工作中分工协商不均出现矛盾等，为解决幼儿值日中发生的问题，引导幼儿养成良好劳动习惯，幼儿展开了一系列讨论和调整。

▶ 环境对话

午餐过后，老师提醒当天的小值日生说："小值日生吃完饭后可以值日啦。"希希和千千是负责擦桌子的值日生，希希看了教室一圈，注意到还没用完餐的小朋友就剩下五六个了，于是在教室里喊："千千，该擦桌子了。"但是教室里没人回应，希希走到楼道里去寻找，看到千千和好朋友一起在看书。希希说："千千，咱们该值日啦，快点。""哎呀，我忘了！"千千说着便跑到盥洗室拿抹布，清水打湿后，希希对千千说："你擦第一遍吧。""你擦第一遍吧，上次就是你擦的。"干干说，希希有点不开心地说："可是上次我都擦过第一遍了，今天轮到你了，不然，咱们问问老师。"千千没说话，拿起盛食物残渣的小盒子准备擦第一遍。

▶ 发现问题

希希跟在千千后边等待，只见千千一把抓住团成一团的抹布在桌子上由上至下，再由下至上地擦，有的食物残渣没擦到小盒里，而是掉到了桌子的另一侧，希希则是紧跟在千千后边，千千擦一下希希擦一下。一张桌子擦完，两人就赶紧跑到下一张桌子前去擦，六张桌子擦完，桌面上还有没有擦干净的米粒。

老师注意到值日中发生的问题，在午休前就和孩子们展开了讨论，孩子们提出自己的解决办法。

▶ 解决问题

"有的值日生不愿擦桌子"——调整值日工作

在讨论中，欣欣说："我不喜欢擦桌子，太麻烦了。"希希说："小朋友总是掉饭，很难擦，要擦很久。"孩子们提出自己不想擦桌子的原因。老师问道："有什么好的办法可以解决吗？"

月亮："擦桌子的小朋友可以轮流擦第一遍和第二遍。"

东东："如果两个人商量好就可以一个人擦第一遍，一个人擦第二遍，如果没有就轮流来。"

文文："要是擦桌子像检查洗手一样就好了，谁的桌面不干净，就让他重新擦。"

豆豆："我想让我的朋友帮帮我，和我一起值日。"

根据孩子们的建议，老师增加了值日小帮手和值日检查员，减轻了值日生的工作量。

"有人值日不认真"——评选值日小明星

对于值日生擦桌子不干净，工具有时未清洗等值日不认真的表现，孩子们提出自己的想法。

昊昊："我看到有人擦桌子的时候，抹布没有对折好，应该折成小方块再擦。"

豆豆："擦桌子的时候应该一下挨着一下擦。"

老师请豆豆上来示范，孩子们一边观察一边总结出擦桌子的方法，并提出将方法步骤画下来——抹布洗干净拧干后，对折两下，变成小正方形，每次用一个面擦桌子，脏了通过折叠的方式，把干净面露出来。擦桌子要一下挨着一下擦，每个地方都要擦到，而且不能重复来回擦。

乐乐："我觉得还要有人来监督值日生。"

教师："谁来监督呢？"

星星："可以投票选出小管理员，谁值日好就奖励小红花。"

教师："哪些行为是认真值日的表现呢？"

乐乐："打扫卫生很干净。"

欣欣："不迟到，不要别人提醒。"

轩轩："能把工作做完，不能做到一半就不做了。"

教师："通过你们的讨论，我们可以根据值日生有没有按时到岗、完成工作、做得干净整齐、工具放回原位，小管理员可以根据这四个标准给值日生发放小红花，小红花最多的就是值日小明星。"

▶ **分析反思**

大班幼儿处于他律道德发展阶段，他们愿意服从权威人物的规定，遵守规则，具体的值日生规则需要和幼儿共同讨论和制定才能长久有效，如调整值日生工作、值日认真的表现等。

值日生活动的优化离不开幼儿的经验，更要落实到幼儿发展中去。教师可以用"搭建支架，自主讨论"的方式，充分调动幼儿的已有生活经验，支持幼儿商讨优化值日生活动的策略。

1.鼓励表达，记录想法。幼儿不喜欢擦桌子、不会值日而逃避工作，教师鼓励幼儿表达真实的想法，思考解决办法，教师倾听幼儿的建议并记录。

2.自主投票评选小班长，增加值日管理。幼儿投票选出的值日班长能够得到大家的认可，值日小班长专门提醒没有按时到岗的值日生，督促他们完善值日工作，能让值日工作更有序地开展。

3.增加奖励机制，明确评选标准。幼儿讨论出评选值日小明星的方式，明确从按时上岗、完成工作、干净整齐、工具归位四个方面来评价值日生工作，使得评价更加客观有理。

通过让幼儿亲身参与、自主体验，幼儿对值日生工作的内容、职责和意义会更加明晰。

（石家庄市桥西区际华苑幼儿园 王艳柳）

喝水环节

健康饮水我知道

视频二维码

▶ **案例背景**

自主游戏活动中，教师如何"恰到好处"地提醒幼儿喝水呢？如果总是不合时宜地提醒，有时会破坏幼儿游戏时的专注力，有时还会引起幼儿的反感和惰性，那到底怎么才能让孩子积极主动地喝水呢？

教师对班级幼儿的喝水情况进行了日常观察，班级有 60% 的幼儿通过同伴或教师带动，能够满足一天的饮水量，但是能够积极主动喝水的孩子就很少了。

▶ **环境对话**

教师利用离园后制作的小便观测卡，粘贴在厕所的墙面上，保证每个小朋友在小便的时候既能看到自己小便的颜色，也能看到观测卡上的颜色。

第二天早餐结束后，彤彤和萌萌跑到老师的面前。

彤彤："老师，厕所墙上贴的那个是什么呀？"

教师："是让小朋友们自己观察自己的小便，看看身体到底缺不缺水。"

萌萌："我看见了，我的小便有点黄，那我今天得多喝点水。"

说着两个人又跑进了盥洗室，这时刚好也有几个小朋友也在看观察卡，彤彤和萌萌就当起了宣传员，向同伴介绍起了小便观察卡。

▶ 发现问题

随着越来越多的小朋友关注到小便检测卡，越来越多的小朋友停留在卫生间和饮水间之间，孩子们每过一会儿就要喝杯水，导致在集体活动时、户外活动时，孩子们时不时就要小便，甚至有的小朋友会去很多次。教师知道，这是孩子们关注小便检测卡的"后遗症"，孩子们发现自己的小便黄，就会多次喝水，水喝多了自然小便次数随之增加。这时，教师决定和小朋友聊一聊喝水这件事。

▶ **解决问题**

　　教师先请孩子们说自己"多喝水"的感受。

　　豆丁："我早上看到自己的小便很黄，就一直在喝水，玩的时候也想着喝水的事，感觉没有玩好，但是我发现小便的颜色越来越浅了。"

　　媛媛："我早上小便的颜色不太黄，我就没怎么喝水，刚才回来的时候，我发现比早上黄了，我得多喝点水才行。"

　　霖霖："我也喝了好多水，可是我都吃不下饭了。"

　　教师："喝水太多会影响我们的活动，还影响我们的进餐，但是喝水少了，我们又会缺水，小便变黄，那我们到底要喝多少水呢？"

　　教师："老师准备了我们平时喝水的小杯子，小朋友，你们知道这一杯水有多少毫升吗？"

　　孩子们都摇摇头，教师将小水杯里的水倒入了提前准备好的量杯内。

　　教师："我们平时喝水用的小水杯，一杯是 200 毫升，小朋友的水壶是 450 毫升，小朋友一天至少喝 800 毫升的水，也就是最少要喝四杯水，或者两壶水，或者一壶水 + 两杯水。"

通过具体形象的演示，孩子们了解了身体基本的摄水量。

教师："那什么时间可以喝水，什么时间又不适合喝水呢？"

朵朵："吃饭之前和吃完饭不能喝水。"

十一："睡觉前我妈妈也不让我喝水。"

之之："上课的时候不喝水，会影响小朋友和老师。"

科科："吃饭的时候也不喝水，对胃不好。"

淼淼："玩的时候可以喝水，画画的时候也可以。"

教师出示一日生活时间表，孩子们一边说，一边记录下来。

教师："小朋友说得都很准确，小朋友把它记录下来，下次小朋友在喝水的时候可以参考一下。"

▶ 分析反思

喝水是幼儿每天都要在幼儿园进行的活动，相信很多教师都接到过家长催喝水的信息，让孩子了解自己的身体状况自己主动照顾自己的身体才能真正解决问题，从而形成孩子的内驱力。

1.案例中，教师通过日常观察了解班级幼儿的喝水情况，并在卫生间放置了小便检测卡，让幼儿自己发现并学会对应关注小便颜色。

2.幼儿出现了一些不合时宜的喝水问题，教师将幼儿组织到一起进行讨论，通过具体形象的演示向幼儿解释了一杯水到底有多少，一天应该喝多少杯水。讨论了每天饮水的时间。通过这种先实践后验证的方式，让幼儿自己感知喝水多或者少，自己的身体会有很明显的变化，从而增加幼儿喝水的内驱力，学习如何更好地照顾自己。

（石家庄市桥西区际华苑幼儿园　刘雅萌）

微信扫码
AI 教学助手
内容图谱
知识图卡
保育笔记

到底要接多少水

▶ **案例背景**

幼儿园一日生活中，幼儿喝水是非常重要的环节。尤其是在户外活动之后，身体需要补充大量水分，这时候幼儿会积极喝水，有的幼儿会用小杯子一次性接很多水，由于水杯里接的水太满了，喝水时就容易把水洒到身上或者地上；有的幼儿接得太少了，发现水不够喝，还需要反复排队接水，干脆直接把杯子放回去不喝了。那么，怎样引导幼儿到底要接多少水比较合适？

通过观察，老师发现班里多数幼儿在接水的时候，不是接的太多就是比较少。

▶ **环境对话**

星期一，孩子们在家休息了两天后来到幼儿园。乐乐跟小朋友们说自己放假和爸爸妈妈去动物园玩了，他说："我去动物园那天天气很热，大象一直在那里喝水、洗澡。"

萌萌："我去动物园的时候，妈妈给我带了一个大壶水，我喝了好多水，回家时我把壶里水都喝干了，妈妈说我跟大象一样，喝好多水！"

教师："动物们每天需要喝很多水补充身体所需的水分，人类每天也要喝足够的水补允水分，如果喝水少了身体就会生病的，所以我们每天都要喝水哦。"

　　户外活动后，孩子们都感觉到口渴了，回到教室里来喝水。

　　琪琪出了很多汗，她接了满满一杯水，走向喝水区的路上都要一小步一小步地往前挪，不然水就洒出来了，就在准备喝水的时候，被刚喝完水准备再回去接水的萌萌碰到胳膊了，结果洒了一身水。

　　琪琪："萌萌，你看你，都把我的水碰洒了。"

　　萌萌："对不起，我不是故意碰你的。"

　　沐沐："我刚才看见你的水接得很满，你要是接少一点儿就不洒了。"

　　淇淇："我太渴了，我想多喝一点水呀。"

　　沐沐："淇淇，你的水就是接得太多了。"

　　萌萌："跟我学啊，接水的时候少接点，喝完再去接，水就不会洒了。"

孩子们你一句我一句，互相讨论着刚才淇淇洒水的事情。

教师一边听着孩子们的对话，一边帮着琪琪把湿了的衣服换下来，接下来，教师打算和孩子们讨论一下喝水时接水的问题。

▶ 发现问题

教师："小朋友们，刚才淇淇一次接了满满的一杯水，结果被萌萌轻轻碰了一下胳膊，水洒了淇淇一身，我们应该一次接多少水才好呢？"

乐乐："老师，我们接少一点不就好了吗？"

萌萌："我刚才只接一点点，不够喝呀，喝完还要去排队接水。"

妍妍："接半杯水就好了呀。"

教师："半杯水是多少，接到多少是半杯啊？"

小宇："老师，半杯水是不是杯子的一半啊？我们用和杯子一样高的纸条一对折不就是杯子的一半了吗？"

教师："小宇好厉害，想出了一个办法，我们一起试一试吧！"

教师剪出一张和杯子一样长的纸条，让孩子们自己尝试对折纸条，和自己的小水杯做比较。

鑫鑫："老师，我们不能一喝水就拿纸条比着吧？"

辰辰："我有办法，我们拿笔画上记号就好了。"

教师："这是一个好办法。可是我们的水杯每天都清洗、消毒，画出来的记号是不是就洗掉了啊？"

那可怎么办啊？小朋友们都拿着水杯左看看右看看。

果果："哎，老师，我这个标志下边正好和纸条一样高，这个是不是就是半杯啊？"

教师："我看看（老师拿过果果的水杯和纸条），真的是呢，孩子们，你们看看你们的标志下边边缘，是不是和纸条一样高呢？"

▶ **解决问题**

小朋友们都和自己有标志那边对比了一下，差不多有几个幼儿的标志中间图案是和纸条一样高的。

教师："孩子们，我们在运动过后，出了很多汗，非常口渴，半杯水不解渴怎么办呢？"

丽丽："那我们就接比半杯多一点儿。"

淼淼："我们接到标志的上边就比半杯多一点儿。"

果果："如果太渴了，半杯水不够喝，我们还可以再接半杯呀。"

教师拿出若干张画有小水杯的纸，每个小朋友发两张，用蓝色彩笔在杯子里面涂上颜色，感知平时用水量（半杯）和运动过后用水量（多半杯）的不同。

喝水时间到了，孩子们利用找到的标志水位来确定是不是接了半杯水。教师在接水区贴了三个小水杯图，每个水杯上都有一个表情贴，分别是少量水（苦脸）、半杯水（笑脸）、满杯水（哭脸），提醒幼儿不要接太多也不要接太少。

▶ **分析反思**

幼儿每次要接多少水是一个问题，有时候幼儿接得太多，喝不了会浪费，接的太少又不够解渴。这次，教师通过幼儿自身遇到的问题来解决到底要接多少水这个问题。

1.案例中，一名幼儿因为水接得太多，导致被碰洒到身上，通过讨论得出结论，接半杯水是最合适的。

2.怎么才能知道是接了半杯水呢？幼儿通过和水杯一样高的纸条，对折以后，和杯子进行比对，发现和水杯上的标志贴下边缘是一样高的，极个别幼儿的半杯水位置在标志贴中间，这样在接水的时候能知道接到什么位置是半杯，从而感知半杯水的水量。

3.教师在饮水区贴了提醒幼儿接水多与少的标识，并提醒幼儿运动后的需水量要比平时多一点儿。

（河北省沧州市东光县南霞口镇段庄幼儿园　郝福瑞）

如厕、盥洗

视频二维码

盥洗室的轻松一刻

▶ **案例背景**

　　每到盥洗环节，班级内总有一些幼儿迟迟不出来。教师发现盥洗室成了幼儿的"轻松一刻"。同时在这些"轻松一刻"中产生了很多矛盾以及安全隐患，例如，打闹、插队等。老师捕捉到了这一现象，将幼儿盥洗实录播放给幼儿，引导幼儿展开了解决盥洗室插队、打闹、玩水等问题的讨论。

▶ **环境对话**

　　在一天的盥洗环节中，教师注意到诚诚、悦悦、熙熙、成成、小郎和硕硕迟迟未从盥洗室出来。教师走进盥洗室发现诚诚正在专注地玩水，搓着泡泡，而硕硕和越越则因为插队问题产生了争执……他们的行为吸引了周围幼儿的目光。

▶ 发现问题

教师意识到盥洗室的"轻松一刻"不仅影响幼儿盥洗的效率，而且会产生很多矛盾和安全隐患。由此，教师把幼儿的盥洗视频记录了下来，请幼儿观看并发现问题，判断正误。

教师："小朋友们，我们刚才看了盥洗室的实录，你们观察到了什么？你们觉得在盥洗室应该做些什么？"

悦悦："要洗手。"

诚诚："还要用香皂。"

教师："很好，这些都是盥洗室的基本活动。你们观察到视频中的小朋友在盥洗室做了什么？"

硕硕："老师，越越刚才插队了，我跟他说，他也不听我的。"

源源："我看到有的小朋友一直在说话，也不往前走。"

成成："有的小朋友玩水，一直搓肥皂。"

教师："那你们觉得小朋友在盥洗室做了其他事情，例如，搓泡泡、玩水、聊天、插队。你们觉得这样对吗？"

熙熙："不对，因为那样会耽误时间。"

成成："是的，我们应该快点洗完手去做其他事情。"

教师抓住幼儿观察到的盥洗室的问题，以这些问题为中心，和幼儿展开讨论并解决问题，制定规则。

▶ **解决问题**

问题一：小朋友洗手插队怎么办？

教师："刚才硕硕说，有的小朋友洗手不排队，如果你们遇到类似的情况会怎么做？有什么解决办法？"

小郎："我觉得可以小声提醒他排队。"

教师："那你应该如何提醒他？"

小郎："越越你插队了，这样是不对的，你去后边排队。"

教师："如果插队的小朋友就是不听怎么办？"

硕硕："可以直接告诉老师。"

教师："你选择寻求老师的帮助，也是一个好办法。"

佐佐："可以多贴一些小脚丫，我们可以站在脚丫上面排队。"

教师："那应该贴几个合适？怎么贴？"

佐佐："我不知道。"

茵茵："我觉得可以去试一试，一个挨着一个，然后画上标记再贴。"

教师征求了其他幼儿意见，大部分幼儿都赞同茵茵的想法。于是，茵茵挑选了几个幼儿去卫生间实验，老师和其他幼儿继续讨论。

教师："其他小朋友还有什么好办法？"

月月："可以在墙上贴上排队图片，来提醒我们，我们看到就会排队了。"

教师："你的办法能起到提醒小朋友的作用，很好的想法。"

茵茵回来后分享他和小朋友是怎样排队，并请其他教师帮忙拍下照片。最终结果，每个水龙头前面可以贴6双小脚丫。

教师："小朋友们都认真思考了，语言提醒、贴标识、寻求老师的帮助，它们都是一些好的办法。"

小朋友们提到了利用地面、墙面环境去起到提醒小朋友排队的作用，教师邀请小朋友进行墙面环境的绘画活动，并请小朋友进行分享。

问题二：如果在盥洗室我们真的想和小朋友交流怎么办？

悦悦："可以洗完手了聊天。"

教师："洗完手在哪儿聊？还在盥洗室吗？"

悦悦："不是，要离开这里，不能打扰别人。"

教师："这是一个解决办法，其他小朋友还有办法吗？"

诚诚："或者可以在排队的时候小声说，但是不要不往前走。"

教师："小声聊天，但不要影响别人，要随时关注前面小朋友，是这个意思吗？"

诚诚："是。"

涵涵："那我们设立一个聊天时间，在聊天的时间可以聊天。"

教师："这是一个好办法，那你们想把这个聊天时间设立在什么时候？"

晨晨："吃完午饭。"

小郎："早上来的时候。"

小朋友说了很多时间点，最后通过举双手投票的形式决定将聊大时间设置在午饭后、睡觉前。

经过讨论，幼儿明白了为什么要遵守规则，知道了规则的重要性。教师借此进行延伸到一日生活以及游戏活动中，幼儿也理解了：不光是在盥洗室里要讲规则，在其他的游戏或者一日生活环节中，也应该有规则，规则让我们的生活变得更加便利。

▶▶ 分析反思

1.从案例中可以看出，幼儿好奇心强，喜欢探索和尝试新事物；同时，他们渴望与同伴交流，分享自己的所见所闻。这些特点使得盥洗室成了他们放松和交流的场所。

2.教师借助盥洗室的教育契机，邀请幼儿自己制定规则，幼儿通过讨论动脑思考，积极寻求盥洗室问题的解决办法。这一举动培养幼儿一定的问题解决能力以及规则意识，进而帮助幼儿养成良好的生活卫生习惯。

3.中班的幼儿精力比较旺盛，玩水也是他们特别喜欢的游戏，对于幼儿来说，洗手是一个好玩的生活环节。教师可以定期组织幼儿到活动区域进行戏水游戏，如吹泡泡游戏等，创设开放宽松的环境，从而减少他们在盥洗中的玩水行为。

4.盥洗时幼儿聚集到一起，很容易产生各种各样的问题及矛盾，例如，插队、互相推搡着玩等，存在一定的安全隐患。通过和幼儿讨论，我们可以用贴小脚丫、添加墙面图示、互相提醒等办法避免矛盾的发生。

5.与家长进行沟通幼儿在家庭当中的盥洗习惯，鼓励家长与幼儿园同步，培养幼儿良好的盥洗习惯，家长也要为幼儿树立一个良好的榜样。

（石家庄市桥西区际华苑幼儿园　赵聪）

微信扫码

AI 教学助手

● 内容图谱

知识图卡

● 保育笔记

视频二维码

衣袖湿了

▶ **案例背景**

　　洗手是幼儿一日生活中必不可少的环节，幼儿一天平均要洗七八次手，洗手时经常会听到小朋友说："老师，我的袖子湿了。""我的衣服又湿了，帮我换一下吧！"如何培养幼儿良好的洗手习惯和正确的洗手方法显得尤为重要。

▶ **环境对话**

　　教师利用排队时间，带领小朋友一起朗诵"挽袖子"的小儿歌："小袖子，爬高山，抓住袖口往上翻，翻呀翻呀露手腕，洗洗小手真方便！衣服太厚怎么办？没关系，抓住袖口推一推，好朋友互帮忙，一起来挽袖子！"教师将其制作成动作分解图示贴在盥洗室墙面上，保证每个小朋友在洗手的时候都能参照图例去挽衣袖再洗手。

　　第二天早餐结束后，彤彤和萌萌跑到老师的面前。

彤彤："老师，洗手室墙上贴的那个是什么呀？"

教师："是让小朋友们自己观察如何挽衣袖，洗手不湿衣袖的好方法。"

说着两个人又跑进了盥洗室，这时刚好有几个小朋友也在看图例。

▶ 发现问题

星期二集体活动结束后，丁丁跑到老师的面前。

丁丁："老师，我洗手时，袖子又湿了。"教师："那你按照儿歌的方法，洗手前挽起袖子了吗？"

丁丁："嗯，洗手的时候袖子又掉下来了。"

教师通过观察，发现孩子们的衣服袖口有的太松，有的太紧。挽起袖口的时候，总是会掉下来。还有的小朋友只是把袖子往上拽一拽，洗手的时候就会掉下来。于是午餐后，老师和小朋友一起聊起"如何挽起衣袖洗手"的方法。

▶ 解决问题

教师先请孩子们说说："袖子湿了，有什么样的感受？"

妮妮噘嘴说："袖子湿湿的，很不舒服。"

乐乐："如果穿着湿的袖子到外面，感觉冰凉。"

然然："穿湿衣服会感冒。"

教师："谁能跟小朋友说一说，你是怎样挽起袖子的？"

豆豆："要把袖子撸上去。"

月亮："可是撸上去袖子一会儿就掉下来了，衣服还是会湿。"

教师："那现在请小朋友们试一试，怎样挽起袖子，袖子不会掉下来。"

红红："把袖子使劲往上推。"

心心："不是推，是折一下，再折一下，折好多下，把袖口折到上面去。衣服折来折去，卡住了，就不掉了。"

教师："馨馨小朋友的办法很好，我们来试一试吧。"

成成："老师，我的衣服太厚了，弄不动。"

丁丁："我来帮帮你吧。"

教师："如果衣服太厚，推不动衣袖的时候可以请朋友来帮忙。"

亮亮："我在家的时候，妈妈给我戴上防水的袖套，这样洗手就不怕湿了。"

米粒："我的袖子太松了，我就用牙咬着袖子洗手。"

琪琪："洗手的时候，水开得小一点儿，就不会湿衣袖。"

教师："小朋友刚才想了很多好办法。我们把这些方法记录下来，等到再洗手的时候，试试这些好方法，看看能不能做到不湿衣袖。"

教师把幼儿交流讨论不湿衣袖的方法记录粘贴到《挽袖子》儿歌的旁边，小朋友洗手的时候看着方法去挽袖子，湿衣袖的现象少了很多。

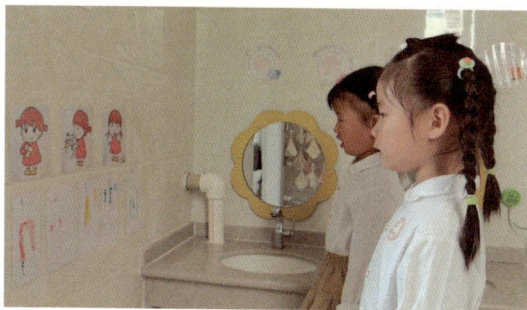

▶ **分析反思**

　　洗手是幼儿每天都要在幼儿园进行的活动，相信每位教师都遇到过幼儿湿袖子状况，让幼儿了解湿袖子原因以及通过观察讨论找到解决方法，养成良好的生活习惯才能更好地做自己的主人，为自己服务。

　　1.教师通过日常观察了解班级幼儿的洗手情况，采用集体活动前后的时间学习"挽袖子儿歌"并在盥洗室贴"挽衣袖示例图"，让幼儿自己发现并学会对应关注自己洗手不湿衣袖情况。

　　2.通过幼儿的讨论分享，让幼儿掌握洗手不湿衣袖的好办法。培养幼儿自我解决问题的能力。通过这种先讨论后验证的方式，支持孩子成为学习的主体，掌握生活本领。

　　3.教师帮助幼儿提炼洗手不湿衣袖的办法并记录下来，张贴在洗手池旁，让幼儿通过与环境对话进一步深入学习。

（石家庄市桥西区际华苑幼儿园　秦文君）

不敢上厕所

▶ 案例背景

对于刚进入小班的幼儿来说，在适应幼儿园生活过程中，上厕所是一项大挑战，这项挑战需要幼儿自己去感受和经历。姜姜这一段时间总是不愿来幼儿园，每次到幼儿园门口都不想进来，通过与妈妈的沟通，教师了解到姜姜家里用的是坐便，而幼儿园是蹲便。姜姜害怕自己会掉进厕所的洞洞里，担心来到幼儿园会尿裤子，从而不敢上厕所。

▶ 环境对话

了解到姜姜的情况后，教师对厕所里的蹲便进行了改造，将蹲便的便池用丙烯绘画成为小猪的头、小乌龟的身体、小气球等，白色的蹲便变成幼儿熟悉的卡通形象，减少幼儿对厕所的恐惧感。

这天，幼儿来到幼儿园后，发现厕所的蹲便变成了小猪、气球和小乌龟，他们非常惊喜。

嘉嘉："老师，我们厕所的蹲蹲变得好漂亮啊！"

桐桐："厕所里出现了一只小猪，好可爱啊，我想来试试蹲坑。"

有了小猪、气球和小乌龟形象，大部分幼儿对厕所产生了兴趣，迫不及待地想试试蹲便。但是姜姜还是在厕所附近转悠，不敢上厕所。

▶ **发现问题**

教师组织幼儿进行讨论：厕所的蹲蹲发生了什么变化？

瑄瑄："我们的厕所变得漂亮了，我现在可想去上厕所了。"

教师："是呀，厕所的蹲蹲知道有几个小朋友害怕它，不敢上厕所，所以蹲蹲摇身一变，变成了可爱的样子，希望小朋友们喜欢它。"

嘟嘟："可是蹲蹲还是有个黑洞洞，我还是有点害怕。"

辰辰："我也害怕，我怕掉下去。"

教师："蹲蹲的洞洞是为了把脏脏的东西冲下去，这样蹲蹲才会一直干净漂亮。有的小朋友害怕它，可是我们每个人都要小便的，如果不小便会怎样呢？"

小朋友们议论纷纷"会生病的""不上厕所，会尿裤裤""憋着泡泡会很难受，不舒服"。

教师："不上厕所会有这么多危害，那我们应该怎样上厕所呢？你们有什么好办法帮助害怕上厕所的小朋友呢？"

▶ 解决问题

方法一：

嘟嘟："把洞堵住吧，我就不害怕了。"

桐桐："不行，堵住就流不下去了，就流到外面了。"

教师做了一个堵住洞洞的小实验，小朋友们发现：如果堵住洞洞的话，厕所里的水就冲不下去了，还会一点一点漫出来，我们的教室都有可能被淹没了，这个方法不行。

方法二：

桐桐："我就是慢慢地走进去，然后再蹲下。"

嘉嘉："我上厕所的时候，扶着栏杆进去，我就不害怕了。"

教师："小朋友们，你们有没有发现厕所两边的栏杆呢？"

小朋友们自发走入厕所，观察厕所两边的扶手，嘉嘉给其他小朋友示范自己怎样上厕所，姜姜在一旁也认真观看，教师有意识地让姜姜讲述嘉嘉是如何上厕所的。

姜姜："她扶住了扶手，慢慢走进去。"

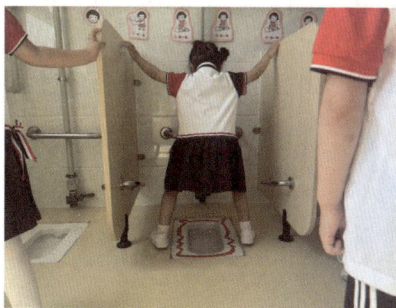

教师："她是怎样走进去的呢？"

嘉嘉："我就是把双脚打开，扶着扶手。"

教师："走到哪里，她停下来了？"

姜姜："走到中间位置，蹲下。"

教师："原来嘉嘉小朋友扶着厕所两边的扶手，慢慢地走到蹲蹲的中间位置，再蹲下，这样就不会掉进去。"

小朋友们看到嘉嘉的示范后，都纷纷尝试，姜姜也想在她喜欢的气球蹲蹲这里尝试，姜姜勇敢地迈出了第一步，自己能独立在幼儿园小便了，教师及时肯定姜姜的行为，姜姜也感受到了蹲蹲并不是可怕的东西。

教师利用离园前的时间，给小朋友们讲述了《我会自己上厕所》的绘本故事。姜姜很自豪地说："我可以自己上厕所了，我回去要告诉妈妈。"

▶ 分析反思

如厕对于多数小班幼儿来说，是必经的一个难题，很多幼儿在家里使用坐便，到幼儿园后不适应蹲便，导致不敢上厕所。教师引导幼儿讨论不小便的危害，同伴之间互相分享使用蹲蹲的方法，姜姜将上厕所的方法内化于心，大胆尝试，真正解决了问题。

1.案例中，通过姜姜小朋友的个例现象，发现小班幼儿在一日生活中遇到的问题，组织幼儿以集体讨论的方式，同伴之间互相分享，将如厕的方法折射到每位幼儿身上，并内化于心，鼓励幼儿将自己在园一日生活中学会的本领与其他幼儿分享，教师辅助幼儿提炼方法，进行总结。

2.本次案例的观察对象，性格偏于内向，胆小，不爱说话，教师在这个过程中，照顾到幼儿的个体差异，给予幼儿支持和鼓励，帮助幼儿大胆表达，鼓励幼儿勇敢尝试。教师可利用饭前、饭后、午睡前、离园前等时间，与幼儿讨论在园一日生活中遇到的问题或是通过讲述绘本故事等，逐渐培养幼儿的自信心，鼓励幼儿大胆表达自己。

3.本年龄段的幼儿，以具体形象思维为主，因此，结合幼儿的亲身示范，幼儿能更好掌握如厕的方法。

（石家庄市桥西区际华苑幼儿园　柳雅婷）

我的便便

视频二维码

▶ **案例背景**

　　每天午餐过后的时光，都是幼儿最放松的时刻。他们或三五成群地玩耍，或围坐在一起看故事书。然而，这一天中班的小明急匆匆地跑进了厕所，不一会儿，他走出来，有些不好意思地对老师说："老师，我拉的便便好硬啊，拉的时候有点疼。"这立刻引起了其他孩子的注意，接着孩子们围绕"便便"展开了有趣的讨论。

▶ **环境对话**

　　教师将便便几种形态的照片张贴在墙面上。

　　奇奇："这是什么？"

　　楚楚："这是我们拉的便便呀，你拉的便便是什么样的？"

　　奇奇："我拉的便便是一块一块的。"

乐乐："我也拉便便，我的便便是一条条的。"

越来越多的幼儿关注到了墙上的图片，加入到了便便的讨论中。

▶ **发现问题**

大家纷纷表达着自己的疑惑和感受。这时，天天突然兴奋地举起手来说："老师，我知道！我拉的便便是长长的、软软的，像香蕉一样，很好拉出来。"他的话让其他孩子更加好奇关于便便的不同形态和产生的原因。

▶ **解决问题**

教师敏锐地捕捉到了孩子们的兴趣点，于是，在离园时教师给每一位幼儿发放了一份关于大便的调查问卷，回家和爸爸妈妈一起调查，第二天早上带来幼儿园和大家分享。调查问卷的内容是：了解大便是从哪里来的？健康的大便是什么样的？大便有哪些不同的形状？我们怎样拉出健康的大便？如果不能及时排出大便，我们的身体会发生什么？

在第二天午餐后的时间，教师和幼儿一起分享记录好的调查问卷。

小明："大便是我们吃进去的饭，经过我们的肚子消化，当我们想去厕所的时候，我们就拉出便便了。我上次拉出来的是硬硬的，昨天我问妈妈，妈妈说是上火了，大便就是硬硬的了。"

栋栋："我吃苹果的时候，我们嚼碎了吃到肚子里，我们的身体会吸收苹果的营养，剩下吸收不了的就变成了大便。吃苹果会拉出健康的大便。我拉出来的大便是软软的，像香蕉一样。"

月亮："我不喜欢在幼儿园拉便便，我会回家再上厕所，可是有时候我的肚子会不舒服。"

教师："小朋友们，听了你们的分享，我发现每个人的大便都不一样。健康的大便是柔软成形的，像香蕉一样，颜色是棕黄色或者金黄色。那么我们怎么才能排出健康的大便呢？"

涵涵："每次吃完饭我都会大便，我的肚子每天都很舒服。"

沐沐："我知道，要多吃蔬菜。原来我喜欢吃肉，但很少吃蔬菜，有时候我好几天不拉便便。后来多吃蔬菜我就开始拉便便了。"

月亮："妈妈说让我在幼儿园拉便便，不要憋着回家，这样我的肚子就不会疼了。"

璇璇："我每天都喝很多水，所以拉便便很顺畅。"

诚诚："我们还要吃新鲜的水果。"

教师："哦，通过小朋友们的讨论，我们知道了原来多喝水，多吃新鲜的水果、蔬菜，每天固定的时间去排便，这样我们就可以拉出健康的便便了。如果大便不能及时排出去，那对我们的身体就会有伤害，所以小朋友们要养成良好的排便习惯。"

▶▶ **分析反思**

1. 案例中，小明在午餐后主动向教师分享了自己排便时的感受，引起了其他幼儿的兴趣。中班幼儿思维直观具体，他们对世界的认识多少基于直接感知和亲身体验，因此教师制作了调查问卷，让幼儿进行调查。幼儿通过调查并结合自身的情况了解大便的形成原因、形状以及怎么排出健康的大便，并围绕这些问题展开热烈讨论，表现出强烈的探索欲望和社交兴趣。

2. 案例中幼儿对"便便"的讨论，正是他们年龄特点的体现，他们对身体的变化和生理现象充满好奇。教师敏锐地捕捉到幼儿的兴趣点，及时开展了关于健康饮食与排泄物的讨论活动。教师以观察者和引导者的身份介入活动，尊重幼儿的主体地位，给予他们充分的表达空间。在幼儿讨论的过程中，教师适时提出问题、引导思考，帮助幼儿树立正确的饮食观念，养成排便习惯。

3. 教师在活动后可以引导幼儿每天记录自己的饮食情况和排便情况，可以使用简单的图画或符号来标记。结合本班幼儿的年龄特点，教师可设计以"健康饮食与排泄物"为主题的教育活动，以角色扮演"小小营养师"、创意绘画"健康便便"等方式来帮助幼儿了解食物与排泄物之间的关系，并学会如何科学地照顾自己的身体。

（石家庄市桥西区际华苑幼儿园　郭玉敬）

微信扫码
● AI 教学助手
● 内容图谱
● 知识图卡
● 保育笔记

散步环节

视频二维码

我们喜欢的散步时间到了

▶ **案例背景**

《指南》中指出，幼儿园应多为幼儿提供自由交往和游戏的机会，鼓励他们自主选择、自由结伴开展活动。春暖花开，随着天气越来越暖和，散步的时间也在逐步增加，但是，散步既不能做到完全"自由"，也不能忽视幼儿的自主性，散步活动最好由幼儿自主制定、自主选择。于是，老师把这个问题抛给幼儿："你们希望去哪里散步？散步还可以干些什么？"

▶ **环境对话**

吃过午饭，又到了每天的散步时间了。老师带着幼儿到操场散步，他们站在老师的身后，排起长长的队伍。老师注意到，队伍后面的幼儿有的在和同伴嬉笑打闹，有的在看着操场上的玩具走神，幼儿在散步过程中的积极性和主动性没有得到很好发挥。

▶ 发现问题

针对这个问题，回到班级后，老师和幼儿一起探讨："你们都希望去哪里散步呢？在散步的时候我们还能做些什么？"老师提议："我们一起来画一下散步计划吧，把你们的想法画出来。"

▶ 解决问题

等幼儿画完，老师请他们做了分享，莹莹说："我想去种植区散步，这样我就可以每天看到我自己种植的草莓了。"老师看到，莹莹还画了草莓每天的生长变化；"我也是，我也是！"莹莹的分享引起了其他幼儿的共鸣，看来种植区是很多幼儿感兴趣的地方。接下来琦琦说："我想去饲养区，那里有我最喜欢的小兔子。"熙熙补充道："还有我最喜欢的小猫。"元元说："我想去前院散步，那里可以见到我在其他班的好朋友，这样我就可以和他打招呼了。"等所有幼儿分享完，老师和幼儿通过投票的方式选出了最适合散步的四个地点：种植区、跑道、饲养区、前院，并一起制订了一周散步计划表，每天去一个区域。

同时，教师根据投票选出的幼儿想去散步的区域，和幼儿一起探讨这四个区域都需要做什么准备。例如，去种植区，可以准备放大镜来观察植物的生长变化；准备小水壶，在散步时间可以给植物浇浇水；去饲养区，可以提前准备一些小菜叶来喂小兔子们。

开展有目的的自主散步活动，制订一周散步计划表，在散步表格中有地点、内容和需要准备的材料，例如，每周一去种植区散步，散步内容是观察幼儿植物的生长变化、小蚂蚁的行为特点等，需要准备的材料有放大镜、小水壶。这既增强了幼儿散步的积极性，也丰富了散步的内容。

散步的时光是短暂而快乐的，分享会让快乐延续。回到班级，利用午休前的时间，让幼儿自由自在地表述今天的所见所闻，分享自己的喜悦和幸福。

▶ **分析反思**

1.虽然散步在幼儿园一日生活中占用的时间不长，但它是幼儿一日生活中的必要环节，孩子们总能在惬意的散步时光里享受一段自由、愉悦的休闲时刻，放松心情。

2.通过散步展开一系列有意义的活动，可以帮助幼儿开阔视野、增长见识，更能培养幼儿与外界的社会交往活动。

3.在散步过程中，应该充分发挥幼儿的积极性和自主性，将散步地点交给幼儿自己制定，根据幼儿的兴趣让他们在幼儿园室外环境中自由选择，尊重每一位幼儿提出的散步的意愿和内容，这既体现了幼儿在散步活动中的自主性，又充分调动了幼儿的积极性。

4.通过集体投票的方式制定出不同的散步区域，可以更好地让幼儿在他们感兴趣的环境中进行散步活动，在不同的领域获得感官和认知的发展，更好地促进幼儿身心的健康发展。

（石家庄市直机关第一幼儿园　崔丽鹤）

自主散步进行曲

视频二维码

▶ **案例背景**

《指南》中指出，在保证幼儿安全的情况下，支持幼儿按照自己的想法做事，或者提供必要的条件，帮助幼儿实现自己的想法。

午餐后开始了幼儿制订的散步计划——喂小兔子，幼儿按照集合时间、地点，开启了自主散步。在下楼去饲养区时，幼儿非常兴奋，刚下楼就奔跑起来，到达饲养区后又状况百出……

▶ **环境对话**

教师："在今天喂小兔子的自主散步中有没有遇到什么问题？"

小美："我们一起喂小兔子的时候太挤了，做记录的时候也是，我刚刚做好的记录，就被豆豆擦掉了。"

轩轩："小明和点点没有去喂小兔子那里，我看到他俩去玩大滑梯和秋千了。"

教师："今天散步过程中有没有出现哪些不安全的因素呢？"

乐乐："天天在楼道里跑了，差点撞倒我。"

涵涵："我看到壮壮爬上小兔子旁边的围栏往下跳。"

▶ 发现问题

随着自主散步活动的开展，幼儿离开了老师的带领，没有自我约束的能力，幼儿迫不及待地前往目的地，忽视了安全问题，在到达目的地后又把散步任务抛之脑后。

▶ 解决问题

教师："刚刚大家提到了人多太拥挤、有的小朋友违反了我们的散步计划、有的小朋友做出了不安全的动作，那我们怎样才能又安全又开心呢？"

小迪："上下楼梯不能跑，我们要扶着栏杆慢慢走，还得看看前面有没有人。"

铭铭："我们可以制订两个散步计划，这样就不会都挤着去喂小兔子了。"

乐乐："我们可以去旁边的花草园看看小花小草。"

露露："不能在散步的时候去危险的地方。"

教师："如果还有小朋友违反我们的规则怎么办？"

小迪："那就不能让他来户外散步，只能在楼道里散步。"

轩轩："可以让他在旁边看别的小朋友是怎么散步的，如果他发现其他违规的小朋友就可以来代替他了。"

教师："刚刚我们一起讨论了散步中的问题和注意事项，大家把刚刚说到的和自己能想到的画下来，我们来制定一个咱们班级的'散步公约'吧！"

通过画一画的方式加强幼儿对于安全和规则的意识，整合幼儿的不同观点制定了"散步公约"：在散步的过程中不能跑跳；上下楼梯要当心；要按照规划图进行散步活动；不能去危险的角落活动；违反规则的小朋友在等候区做观察员直到发现下一个违规者。

▶ 分析反思

幼儿安全工作始终是幼儿园工作的重中之重，幼儿年龄小，生活知识经验还不够丰富，自我保护意识和能力较弱。在自主散步中遇到了哪些问题呢？教师把问题抛给幼儿，先请幼儿自己讨论，再把幼儿的问题进行梳理，挖掘其中含有价值的活动，让幼儿真正成为自主散步的主人。

1. 案例中，教师通过和幼儿一起谈论自身所见所感，幼儿自评、同伴互评、老师析评的方式加深幼儿对于安全意识和规则意识的认识，明白什么该做，什么不该做。

2. 制定规则的目的是让自主散步活动产生"秩序感"，让幼儿更有序、安全。把规则制定的主动权交给幼儿，成立班级"散步公约"，让幼儿在认识与理解规则重要性的基础上实现自我管理与成长，完成教育内化。

3. 大多幼儿的天性是好动的，虽然知道自主散步的规则，但还是有不扶扶手、蹦着下台阶、跑跳着散步的情况，在幼儿的日常活动中，还需多进行讨论并结合绘本故事、儿歌等形式加强幼儿的安全意识和规则意识。

（石家庄市桥西区际华苑幼儿园　李玉倩）

午睡环节

老师，我不睡觉

▶ **案例背景**

　　3～6岁是孩子身体快速发育的阶段，充足的睡眠可以促进孩子的生长发育。《指南》在关于生活习惯与能力目标中提出：3～4岁儿童应该在提醒下，按时睡觉和起床，并能坚持午睡。中一班三分之一的小朋友午睡有困难，并且有的还会影响其他孩子睡觉，解决午睡问题迫在眉睫。

▶ **环境对话**

　　墨墨是个睡觉困难的孩子，他总是在床上翻来覆去睡不着，并且在睡眠室大声说话影响其他小朋友。除墨墨外，还有一些小朋友出现了小状况。

安安："老师，我睡不着。"

桐桐："老师，我想妈妈啦。"

丫丫："老师，我想上厕所。"

琳琳："老师，阳阳在拽我的被子。"

为了充分了解幼儿对于午睡的看法，教师针对"你喜欢睡午觉吗？"这个问题进行午睡大调查。讨论后，孩子们决定用投票的方式来表达自己的意见。通过调查发现，中一班有三分之一的小朋友不喜欢午睡。

▶ 发现问题

为此，教师组织幼儿谈论不喜欢午睡的原因。

原因一：教室太亮了

小小："睡眠室太亮了，我睡不着。"

教师："那怎么解决呢？"

天天："我们把窗帘拉起来，睡眠室就暗了。"

教师："够不着怎么办？"

嘟嘟："我长得高，我可以拉窗帘，我会拉窗帘。"

原因二：在家里也不午睡

瑞瑞："我在家也不睡觉。"

教师："午睡有什么好处呢？"

阳阳："午睡能让我们变得漂亮。"

哲哲："只有睡午觉了，下午才有力气玩。"

小雅："睡午觉对我们的身体好，周末在家也要睡午觉。"

原因三：我想妈妈/奶奶/姥姥

言言："我想妈妈啦。"

教师："午睡时想妈妈，其他小朋友有什么办法？"

依依："在家睡不着的时候，妈妈会拍着我，我就睡着了。"

教师："还有呢？"

琪琪："我不睡觉的时候妈妈放歌给我听。"

教师试图和墨墨了解不睡觉的原因。

教师："墨墨，你中午为什么不睡觉呀？"

墨墨："奶奶不在，我睡不着。奶奶给我讲故事，我才会睡。"

教师利用放学时间和墨墨奶奶沟通墨墨午睡问题，经过与墨墨奶奶的交谈，教师了解到墨墨睡觉的习惯和规律。原来墨墨午睡时间比幼儿园的午休时间晚一个小时，而且也是偶尔午睡。教师建议墨墨奶奶在家调整墨墨的作息时间，尽量与幼儿园午睡时间保持一致。

▶ **解决问题**

　　了解到幼儿不睡觉的原因后，教师采取措施。每天午睡时，请一名幼儿讲睡前故事，同时把睡眠室的窗帘拉得严严实实。

根据孩子们的想法，午休时教师组织不想睡觉的孩子们体验一下不睡午觉的感受。三十分钟，一个小时后……不睡觉的小朋友一个个都坚持不下去了，慢慢睡去了。

教师向家长发放午睡小调查的调查问卷，请幼儿讨论。问题有：睡前要做哪些准备？睡觉的姿势有哪些？问卷收回，孩子们进行讨论，孩子们七嘴八舌地分享自己对午睡的理解。

通过一个月的鼓励和引导，墨墨和班里其他不睡觉的幼儿都能愉快、安静地独自入睡，午睡的氛围与习惯也越来越好了。

分析反思

1.《指南》中有关于幼儿午睡的建议，让幼儿保持有规律的生活，养成良好的作息习惯，如早睡早起、每天午睡。午睡有利于孩子的身体健康。

2.案例中，教师发现班级里有三分之一的幼儿睡眠有困难，意识到这是个急需解决的问题，教师组织幼儿讨论其不午睡的原因。教师针对幼儿不睡觉的缘由做出了一些调整，最终解决了幼儿午睡的问题。

3.《纲要》中指出：家园配合是教育幼儿最好的渠道。案例中，教师与家长沟通幼儿不午睡的原因，并建议家长在家调整幼儿作息，共同培养其良好的午睡习惯，这样的方法有利于幼儿习惯的养成。

4.教师发放午睡小调查的调查问卷并组织幼儿讨论。在讨论中，幼儿能够清晰地了解到"为什么要午睡""睡觉前的准备""睡觉的正确姿势"等，让午睡变得更加安全、有序、自主、安静。

（石家庄市桥西区际华苑幼儿园　李晓晨）

微信扫码
- AI 教学助手
- 内容图谱
- 知识图卡
- 保育笔记

情绪娃娃

视频二维码

▶ 案例背景

班级有一位活泼可爱的小女孩菲菲，特别爱笑，可新学期开始后，菲菲情绪变得很敏感，像小班孩子一样，需要教师投入更多的情感关注，就是正常的午睡也变得困难起来。

▶ 环境对话

午睡前，教师将寝室的窗帘拉好，明亮的阳光被遮挡在外，营造出休息的环境。教师为孩子们播放轻柔的午睡音乐，讲述每日的睡前故事，寝室里环境温馨，安静又舒适。

▶ 发现问题

班级的大多数幼儿都已经睡着，在第一次午睡巡视的时候，教师发现平时早早入睡的菲菲此刻在床上扭来扭去，教师走到她的床边，轻声地问："菲菲，想小便吗？"她摇了摇头。"睡不着吗？"她小声说："我想让妈妈哄我睡觉。"说完眼睛已经微微泛红，教师摸了摸她的头说："菲菲想妈妈了，老师特别能理解，现在老师陪着你，行吗？"菲菲点点头，教师握住她的手，直到她入睡。

第二天，菲菲一会儿动一下，一会儿又动一下，没有睡意，教师走过去，她带着哭腔说："想妈妈哄着睡，陪着睡。"教师像昨天一样陪在她的身边。

接下来的几天，菲菲每天中午都需要教师陪伴才能入睡。中班上学期的菲菲没有出现过这样的情况，这引起了教师的重视。

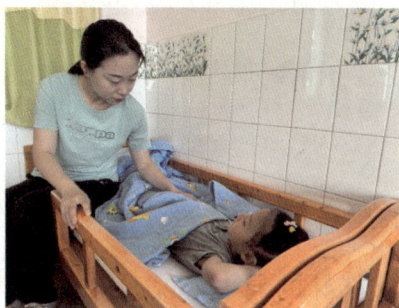

▶ **解决问题**

周五的下午，教师通过心理辅导的方式与菲菲谈心。

教师将菲菲叫到身边，温柔地说："菲菲，你能跟老师说说，中午为什么想要妈妈陪你睡吗？"菲菲低头不语，教师继续耐心地引导："你能告诉我，你是怎么想的吗？"菲菲思索了一会儿，带着哭腔说："我想要妈妈抱，我想妈妈陪陪我……"教师蹲下身给了她一个大大的拥抱，接着说："老师知道你想妈妈，妈妈一定也很想你，在幼儿园老师和小朋友们陪着你，回家了就可以和妈妈在一起啦，对不对？"菲菲眼睛红红地说："妈妈在家总是抱着弟弟，没有时间和我在一起……"说完流下了泪水。

教师将她抱在怀里，告诉她："妈妈对你和弟弟的爱都是一样的，只是弟弟还小，妈妈对弟弟照顾会多一些。如果你有什么需要，可以告诉妈妈，一定要相信妈妈是爱你的。"她依偎在教师怀里，轻轻点点头。

针对此情况，教师在班级图书区投放关于家有二宝的绘本，小朋友们之间分享弟弟妹妹的趣事，说一说自己是怎样照顾他们的，让幼儿感受家庭增添新成员的快乐。

元元说："妈妈给妹妹换尿不湿的时候，让我帮忙去拿，换完我还帮妈妈扔进垃圾桶，妈妈说，她非常感动，觉得我长大啦！"

豪豪说："我的小妹妹两岁啦，她可以和我一起玩啦，我很开心有人陪我一起玩儿。"

集体讨论：爸爸妈妈更爱谁？为什么？让小朋友理解爸爸妈妈爱每一个孩子，只是爱的表达方式不同。

硕硕说："我弟弟今年两岁了，妈妈经常带着他出去，不带我，我感觉妈妈爱弟弟比我多。"

教师："硕硕，那你问过妈妈他们去做什么了吗？是不是弟弟不舒服了？或者是有什么事？"

硕硕："对对对，上次妈妈说带着弟弟去打疫苗。"

教师："对呀，我们要先了解清楚，他们去做什么啦，我想如果是出去玩儿一定会带着你们两个人的，因为妈妈爱你们每一个人。"

元元说："我觉得爸爸妈妈爱我也爱妹妹，爸爸妈妈经常带我们出去玩，妹妹小需要抱着，我是哥哥要自己走。"

▶ **分析反思**

1. 菲菲不能正常午睡，不是因为新学期刚开始的原因，是因为有了弟弟，她觉得妈妈总是陪伴弟弟，没时间陪自己，在妈妈身上她得不到爱抚。

2. 班级教师一起沟通菲菲的情况，密切关注她的情绪变化，要在第一时间看到她的情绪，理解她的情绪。日常多与她聊天，多给她一些肢体上的爱抚，比如拥抱、拉手、摸头等，让孩子能感受到教师真实的爱。尤其在午睡时，先陪在她身边，安抚情绪，陪伴入睡。

3. 与菲菲的家长进行一次深度交流沟通。首先，告诉家长菲菲的情况，由于家庭迎来第二个宝宝，菲菲感到自己被忽视，情绪有一定的波动，要及时关注。其次，建议家长可以采取的应对策略：在照顾弟弟的同时，要关注菲菲的需求和感受，给予足够的关注和爱，让菲菲知道她仍然被重视和爱护；让菲菲知道弟弟的到来并不会改变父母对她的爱，同时倾听菲菲的想法和感受，理解她的情绪和担忧；让菲菲参与到照顾弟弟的过程中，及时给予鼓励和赞赏，帮助她适应新环境，感受到自己的价值。

（国防大学幼儿园·石家庄园　黄瞳瞳）

起床、午点环节

视频二维码

被子怎么长边对折

▶ **案例背景**

幼儿升入中班，午睡起床后就要自己学习整理被褥了。教师在午休前，先给幼儿介绍了叠被子的方法，午睡结束后，第二遍介绍，然后让幼儿自己尝试。

尽管在老师的帮助下幼儿基本可以完成，但还是有一小部分孩子没有学会并产生了压力，在睡觉前焦虑地走到老师面前，说："老师，被子怎么长边对折呀，我折不成。"听完孩子的话，教师以折纸活动的长边对折为引、结合折纸、被了两种形态为孩子介绍叠被子的方法，帮助幼儿学习叠被子。

▶ **环境对话**

教师在折纸区投放了长方形彩纸，幼儿可以利用晨间、餐后的时间，来进行长边对折的练习，以此来帮助幼儿更有效地掌握叠被子的方法。

午餐后，桐桐、汐汐和沐沐一起来到折纸区按照折纸示意图来进行长边对折的练习。

桐桐："我找到长边了，就这样折过去就可以了，这么简单！"

沐沐："你折得不对，找到长边后，还要在中间折，必须两边都一样才算折好。"

汐汐："对呀，桐桐，你看你折的边都没有对齐，这样折出来的不好看，不整齐。"

三个小朋友一边折一边讨论，桐桐经过反复练习还发现边和角都对齐了，才能折得更好。他开心地跑到老师面前说："老师，你看我折得多整齐，今天起床后我肯定能按照这个方法把我的小被子折得漂漂亮亮。"

教师："老师看到你努力练习了，叠被子的时候加油，你一定可以的！"

▶ **发现问题**

这几天幼儿对折纸、叠被子都非常感兴趣。起床音乐响起，大部分幼儿都有模有样地叠起了被子。这次教师再去观察，幼儿叠被子的能力有了明显的提升，之前因为叠被子遇到困难的孩子也开始愿意自己动手叠了，但也有几个孩子努力了好久还是没叠成。他们发现被子太大，找不到长边；还发现被子太软，折好这边另一边又乱了。最后都急哭了，这个烦恼到底要怎么解决呢？教师决定听一听幼儿的办法。

▶ **解决问题**

午点后的绘画活动时教师请幼儿将自己折纸、叠被子的过程画一画，并且想一想折纸和叠被子有哪些相同和不同的地方，画完后请幼儿来分享自己的绘画和想法。

桐桐："我折纸的时候觉得很简单，一眼就找到了长边，可是，叠被子的时候却怎么也找不到长边。"

汤圆："我和桐桐一样，开始也是找不到长边，后来我把被子整个铺开，张开两个胳膊在被子的两边比了比长短，就找到了长边。"

暖暖："老师，我发现有拉链的一边是长边！"

教师："你们的本领可真多，找到长边就成功了一半！"

还有几个孩子坐在小椅子上紧皱着眉头，思考着自己遇到的问题和困难。

旸旸："老师，我叠被子的时候，感觉被子和折纸不一样。纸是硬的，折好了就不会动了，可是被子非常软，我把这一头对折了，另一头就又被弄乱了。"

小橙子："我也总叠不好，纸很薄，我一下就对折了，但是我的被子太厚了，我提不动，折不过去。"

教师："看来大家确实遇到了困难，那小朋友们今天叠被子的时候谁叠得很顺利，发现了好办法呢？"

小雅："老师，我的被子也很厚，我也提不动。我是和言言一起合作，像折纸一样，找到长边的两个角，每人提起一个角向对边折过去，叠完我的，又叠了言言的，很顺利就叠好了被子。"

欣欣："我是自己完成的，我把被子先铺开，然后慢慢地拉着被子长边的中间对折，最后整理两个角就完成了，我觉得我叠的被子非常整齐。"

教师为合作的两个孩子录了视频做记录，正好这时幼儿分享完问题和办法，播放给幼儿观看。

教师："小朋友们在遇到困难时，想出了这么多好办法，老师真为你们感到开心，那明天再叠被子时大家可以试一试这些方法，老师也相信你们开动小脑筋能想出更多的办法！"

▶ **分析反思**

中班的幼儿在自理能力和自我管理上都有了进一步的提升，更愿意自己的事情自己做；面对困难时，更愿意自己想办法去解决。趁此时，教师让幼儿亲自尝试叠被子，既培养了幼儿的自理能力又使他们从中获得了成就感。

1.起初尝试时幼儿发现被子太大，不容易找到长边，接着想到利用手臂测量比较，被子原有的拉链特征等方法找到长边，再结合折纸的练习发现了长边对折是需要边角都对齐的现象。

2.《指南》中指出，我们要鼓励幼儿做力所能及的事情，对幼儿的尝试与努力给予肯定，不因做不好或者做得慢就包办代替。幼儿尝试叠被子过程中遇到被子比折纸软、厚，提不动、叠不成，教师不急于包办，耐心观察，最后幼儿通过两人合作和独立想办法都叠好了小被子。

3.案例中幼儿遇到各种问题和困难时，教师组织幼儿自主练习、讨论、观察、尝试，最后幼儿逐渐掌握了叠被子的生活技能，进一步激发了幼儿的自我服务意识、合作意识，同时帮助他们树立自信心，让幼儿在自我学习、自我发现、自我完善中快乐成长！

（石家庄市桥西区际华苑幼儿园　贾娆）

微信扫码
AI 教学助手
内容图谱
知识图卡
保育笔记

惬意的午点

视频二维码

▶ **案例背景**

　　每天的午点时光，班级都会呈现出很惬意的气氛，孩子们睡醒后悠闲地吃着午点聊着天。但是这里有一个弊端，就是午点时间会延长很久，影响到了下午的集体活动。如何能够让幼儿继续享受惬意的午点时光，还能顺利地进入接下来的环节呢？

▶ **环境对话**

　　起床前，教师把午点根据不同种类整齐摆在餐桌上。起床后，值日生会将数量提示卡牌摆放在相应的餐盘旁，上面的数字为建议小朋友们领取午点的数量。

　　秋秋说："今天可以领 3 个小西红柿，4 块饼干。"

　　小美说："不对，是 4 个小西红柿，3 块饼干，要看盘子前面离得近一点的数字。"

　　随后，秋秋拉起小美的手说："走，咱们坐在一起吃午点吧。"
接着，小朋友们都选择了自己的小伙伴陆续回到座位上享用美味的
午点。

▶ 发现问题

　　午点给予幼儿起床后自由与自主，同时教师发现了其中的弊端。
幼儿处于较为放松的状态中，会产生同伴交流、游戏等其他现象，
导致午点时间会无限延长，以至于影响到下午的集体活动时间。于
是，班级教师就此现象开展讨论，寻找解决办法。

▶ 解决问题

　　王老师："我发现咱班小朋友们在吃午点时都很放松，好像忘

记了后面环节该做的事情了，咱们得一起商讨一下怎样解决这个问题。"

张老师："我觉得可以播放一段音乐，尝试着提醒一下孩子们要在相应的时间完成吃午点。"

于是，班级教师一起商定选取了一段音乐，先在上午每次集体活动前播放，给孩子们一些准备、整理的时间，当音乐结束，集体活动便开始进行，逐渐让幼儿了解这段音乐蕴含的规则。

接下来便准备在午点时间尝试应用，当天午点时刻，小朋友们在自己喜欢的角落开始享用午点，过了一会儿，音乐响起，有些小朋友听到后，开始回到分享区。老师看到班级幼儿渐渐回来后，便将音乐的音量慢慢减弱，直至音乐结束。

教师说："小朋友们，你们发现今天吃午点时和之前有什么不一样的地方吗？"

果果说："我听到了熟悉的音乐声，这个音乐和上午听到的是一样的。"

教师说："哦！那你们猜猜老师为什么要在吃午点的时候也播放这段音乐呢？"

贝贝说："上午播放是提醒我们要准备开始集体活动了，现在播放是不是也在提醒我们马上开始后边的活动呢？"

教师说："老师播放这段音乐是为了提醒小朋友们要抓紧时间吃

午点，不要影响后边其他的活动，那你们听到后要怎样做呀？"

小宝说："我听到这个音乐后就抓紧时间把剩下的午点赶紧吃完。"丁丁点着头说："听到音乐我们要赶紧吃完午点，收拾好桌面，回到分享区。"

教师说："小朋友们想一想，除了用播放音乐的方式提醒大家，我们还有别的提醒办法吗？"

星星说："我在看火箭发射时，发现倒计时结束后，就会将火箭送入太空了。"

聪聪说："老师，沙漏也是用来记时的，我们可以规定在沙漏流完之前吃完午点。"

教师说："星星和聪聪又想出了两种提醒的办法，今天我们一起讨论了三种提醒大家的办法，一种是播放音乐，一种是倒计时，还有一种是用沙漏来提示时间，那么，我们就试一试，看看哪一种能帮助我们。"

分析反思

吃午点作为一日生活中不可或缺的环节，它能让幼儿起床后有一段轻松、舒缓的时间补充能量，唤醒状态，以便更好地投入下午的游戏活动中。在环节过渡时教师利用音乐的隐形提醒，使得幼儿更容易感受时间的流逝，能够自主调节行为顺利完成环节间的过渡。

1.利用熟悉的音乐作为提醒，便于幼儿感知抽象的时间概念。当幼儿了解音乐所表达的规则以后，开始在午点时间应用，通过放音乐的方式，给予幼儿一定的缓冲时间，让他们在音乐声中逐渐调整自己的状态，完成吃午点的收尾工作。在后续使用中，引导幼儿发现音乐介入，思考音乐存在的价值，并寻找其他提示方法。

2.班级教师审视一日活动中幼儿不适合的地方，进行环节优化。灵活运用各种教育资源，将音乐作为一种有效的教育手段，让幼儿在不感到压力的情况下逐渐适应并遵守规定的时间，帮助他们建立时间观念，培养自我管理能力。

3.教师充分考虑了幼儿的心理特点和接受方式。对于幼儿园的孩子来说，直接的口头命令可能难以引起他们的注意或理解。而音乐作为一种更加生动、形象的方式，比口头提醒更加温和，更容易被他们接受和喜欢。因此，选择用音乐来提醒幼儿，既避免了直接命令可能带来的抵触情绪，又能够引起幼儿的注意，让他们自觉地结束吃午点。

（石家庄市第三幼儿园 王莎莎）

离园环节

视频二维码

孩子们的阅读方法表

▶ **案例背景**

晚餐后的闲暇时间，小朋友们选择自己感兴趣的图画书，找一个角落安静地阅读着。有的小朋友快速翻完一本后，放回又拿了一本，同样的方式快速翻完后再次换书；有的小朋友停留在图画书的某一页好久没有翻页；有的小朋友一页一页地认真翻看，遇到有趣的情节还会和小伙伴分享；还有的小朋友会拿着书来寻求老师的帮助：有直接让老师帮忙讲故事的；也有遇到感兴趣的文字，寻求答案的……

▶ **环境对话**

每个幼儿都有自己的阅读方式。针对幼儿的阅读状态，观察两天后老师组织了一次故事分享活动，活动中十九小朋友分享了他最近喜欢的图画书《母鸡萝丝去散步》。全书只有 44 个字，十九在讲述的过程中，根据自己观察到的画面内容加入了很多自己的理解。

分享结束后，小朋友们对这本图画书产生了浓厚的兴趣，大家都想来讲一讲自己的发现。

月亮："这个故事发生在秋天，我看到封面上有好多果子成熟了，还有金灿灿的土地。"

甜甜："这只狐狸很想吃掉母鸡萝丝，我看到它吐着舌头都要流口水了。"

核桃："那两只青蛙被狐狸吓了一大跳。"

……

▶ **发现问题**

几个小朋友正分享着自己看到的故事内容，老师注意到每次阅读时都快速翻看，频繁换书的豆豆皱着眉头盯着故事不出声。老师尝试邀请豆豆："你要不要试着讲一讲你看到的故事？"豆豆摇摇头说："我看不懂这个故事。"这时和豆豆遇到同样情况的小朋友也开始附和："我也看不懂。"

解决问题

怎样进行自主阅读？自主阅读的方法是什么？围绕这个问题，幼儿展开了分享和讨论，并一起提炼出了他们自己的阅读方法。

月亮："我是通过看故事页的颜色看出故事发生的季节的！"

甜甜："我是通过狐狸的表情猜出它想吃掉母鸡的。"

核桃："我是看到那两只青蛙原来是趴在石头上的，突然就跳了起来，我猜是被吓到了。"老师："月亮是通过故事画面的颜色推断故事发生的时间；甜甜通过主人公的表情推断狐狸的心里在想什么；核桃通过青蛙的动作推断出两只青蛙被吓到了。这些都是阅读的好方法，小朋友们还有其他的阅读方法吗？"

萱萱说："我看见画面里有草垛，所以我知道这个故事是在农场里，应该会有很多小动物。"

豆豆："狐狸摔进池塘那里比上一页少了一只小鸟，小鸟也被吓得飞走了。"

教师："萱萱通过故事画面推断出故事可能发生在农场，可能还会出现许多小动物；豆豆观察到了故事画面里少了一只小鸟，也有了自己的猜测。"

……

借助故事《母鸡萝丝去散步》，幼儿把总结的阅读方法在纸上进行了记录。

先找出故事的主人公——人物读书法；看看故事发生在什么地点——地点读书法；故事里的人在干什么——动作读书法；可能说了什么——对话读书法；推测故事发生的时间——时间读书法。幼儿还用到了色彩读书法，如红红的果子，金灿灿的土地；观察故事发展的进程他们用到了数字读书法，如一只小鸟飞走了、两只青蛙吓了一跳、一群蜜蜂追着狐狸……老师和幼儿一起将阅读中用到的方法进行了总结和提炼，有了自己的阅读方法表。

▶ **分析反思**

1.幼儿进入了文字敏感期，在阅读过程中会关注画面中的文字，

133

忽视画面的内容，这对幼儿画面细节的观察能力以及语言逻辑的组织能力发展是有一定限制的。

教师有针对性地选择一些无字书或通过问题引导幼儿观察画面内容：通过画面中主人公中的表情、动作，以及周围环境等，学习建立画面与故事内容的联系。

2.自主阅读不要仅仅局限在"阅"，教师要提供机会和舞台让幼儿"读""讲""演"出来。这个过程中幼儿能够将自己阅读图画书的方法分享并记录下来，能对看过、听过的图画书说出自己的想法，可以很好地锻炼幼儿组织语言的能力以及逻辑思维能力。

3.通过观察幼儿餐后阅读的状态，可以发现他们有自主阅读的意识，但部分幼儿还没有掌握阅读一本图画书的方法，教师借助故事分享的契机，和幼儿一起总结提炼阅读图画书的方法表，让幼儿在写写画画的过程中体验文字符号的功能，培养书写兴趣。

（石家庄市桥西区际华苑幼儿园　赵晨景）

离园时不再丢三落四

视频二维码

▶ **案例背景**

《指南》中提到大班的幼儿能根据冷热增减衣服，能按类别整理好自己的物品。天气越来越冷，幼儿的衣服越穿越厚，手套、帽子、围巾、口罩等保暖装备也越来越齐全，离园时间段的准备工作也越来越多……

▶ **环境对话**

离园时间到了，孩子们排好队到大门口等待着各自的家长。

铭铭妈妈接到铭铭的第一句话就是："帽子没戴上吗？上楼去拿一趟，要不回去路上太冷了。"

一会儿瑶瑶又返回来："老师，我忘戴手套了……"

▶ **发现问题**

老师带着两个小朋友回到班级拿东西，发现小柜子里藏着许多被遗留下来的帽子、围巾、手套、口罩……第二天早晨，涵涵见到老师的第一句话就是："老师，我昨天忘记戴帽子回家了，今天又戴了一个过来，妈妈说今天要是再忘记戴帽子回家，明天来园我就没有帽子戴了。"

▶ 解决问题

针对最近离园时幼儿总是丢三落四的情况，下午的集体活动中，老师请涵涵小朋友把自己遇到的小烦恼说出来，针对涵涵的小烦恼，孩子们开展了一次大讨论：离园时需要做哪些准备工作？

孩子们你一言我一语"拿接送卡、穿好衣服、换鞋、拿头盔、戴好帽子、手套、围巾……"涵涵慢慢举起手："离园的时候需要做这么多事，可是我总是记不住所有的事情怎么办？"小宇说："我们可以把所有要做的事情画下来，贴到门口，这样一件一件检核就不会忘记了。"言言说："还可以请小伙伴之间互相检查。"畅畅说："还可以准备一面镜子，穿戴整齐后自己检查。"讨论结束后，老师对孩子们讨论的小妙招进行了总结。孩子们也把离园的准备工作一一画下来，老师把孩子们的画剪下来贴到板子上作为离园的温馨提示牌。

涵涵穿戴结束后，走到温馨提示牌一项一项对照，发现自己忘记拿接送卡了，言言提醒月月："你怎么没戴帽子？"西西走到镜子旁照了照发现自己的帽子戴歪了。

▶ 分析反思

　　离园环节是幼儿园教育的重要组成部分，但由于离园环节时间较匆忙，加上离园的准备工作较多等原因，幼儿会忘记其中的一件或者两件事情。当这个问题普遍出现在班级中时，由幼儿提出遇到的困难，会更好地引起其他人的共鸣，从而激发幼儿解决问题的欲望。

　　"丢三落四"的问题普遍出现后，涵涵将遇到的问题提出来，请其他小朋友帮忙解决，其他幼儿群策群力想出了很多好办法，既解决了离园时的"丢三落四"，又通过自查的方式使之更加精细化——整理帽子的角度，扣子是否正确系上等问题。对照离园温馨提示牌——检核自己，培养了幼儿自我管理和自我服务的能力和意识。

　　幼儿自行参与到解决问题的过程中，对同伴之间提出的问题能积极动脑思考，并通过绘画记录的方式制成提示牌，幼儿在解决问题的过程中学习能力也会进一步发展。

离园环节有助于幼儿培养自我管理和自我控制能力。通过整理个人物品、仪容仪表等工作，幼儿养成良好的生活习惯，提高了幼儿的自理能力。教师可以从以下几点来支持幼儿的发展。

1.鼓励幼儿在生活和学习中能够将自己的烦恼说与他人听，并将自己遇到的困难表达出来。

2.当班上大部分幼儿都出现类似的困难和问题时，教师应该适时捕捉教育契机，从以幼儿为主体的角度组织幼儿进行讨论，激发幼儿思维之间的碰撞。

3.教师发现幼儿遇到困难和问题时，不急于以教师的身份与幼儿沟通，由遇到困难和问题的幼儿将问题表达出来，对其他幼儿会更有吸引力。

4.关注幼儿的感受，保护其自尊心和自信心。当幼儿把自己的烦恼说与教师听，教师应当尊重幼儿，并寻找适当的教育策略去潜移默化地影响幼儿，促进幼儿更大的发展。

（石家庄市桥西区际华苑幼儿园　姜彩霞）

微信扫码
- AI 教学助手
- 内容图谱
- 知识图卡
- 保育笔记

第二节　游戏活动

游戏是幼儿园最基本、最主要的活动，对幼儿主体性、合作性、交往能力等方面的发展有其他活动不可替代的功能。将自由、自主的游戏精神渗透在一日生活中，重视自由游戏的开展，把游戏的自主权还给幼儿，让幼儿在自主、自由的真游戏中获得经验，形成想法、表达意见、完善规则，不断挑战自我，从而发掘自身最大的潜能。

折小鱼

视频二维码

▶ 案例背景

中班幼儿对折纸活动很感兴趣，也有了一定的经验，但是在折纸过程中随着折纸难度的不断提升，幼儿会出现看不懂折纸示意图、折纸步骤紊乱等情况。想要独立地完成一个新作品对他们而言有一定的难度。晨间区域活动，老师在美工区里新投放了小鱼的折纸示意图。几名幼儿看到后就立刻围了过来，纷纷开始尝试起了折小鱼。

老师发现洛洛在难点处反复尝试了几次后，小手指头娴熟地折着，已经快要完成了。但芊芊在第三步时就卡住了，她侧过头对着桌上的示意图仔细看了又看，皱着眉头，一直认真地往下折，可每次折出的样子都和图上的形状不太一样，看上去有些扭曲变形。芊芊感到有些着急，她快步走到老师身边……

▶ 环境对话

芊芊拽了拽老师的袖子说："老师，我按图折到这里就不知道怎么折了。"她拿起来完成的作品，递到老师面前。

教师说："别急，我刚才看到洛洛快折成了，你可以去看看他成功了没有。如果他折成了，你问问他是怎么做到的。"

芊芊拿着自己的作品走过去问了洛洛："我这里不会，你能教我吗？"

洛洛说："可以，我是这样折的。"（洛洛边说边演示）

▶ 发现问题

芊芊看了洛洛的折法，好像看明白了，学着洛洛的样子自己尝试着折了起来，但还是没能成功。

▶ 解决问题

教师将基础的折纸图解（例如，凸折线、凹折线、双三角、双正方形的折法）整理好放入美工区，折纸活动时，幼儿可以反复练习，打牢基础步骤的折法。

教师说："芊芊，你仔细看看，你折的第一步和第二步和折纸示意图一样吗？"

芊芊重新拿起桌上的示意图，睁大眼睛专注地与自己手里的作品对比，突然发现自己的第二步确实折的位置和图上的不太一致。

教师说："那你试着把这一步重新折一遍，看看能不能折成示意图上的样子。如果还有什么不太明白的地方，咱们再来一起解决。"

芊芊把手里的折纸小心翻开重新开始折第二步，这一次终于折对了。洛洛在一旁看到了说："对啊，我就是这么折的！"芊芊很开心。

教师说："芊芊，你再按照下一步的图示慢慢试试吧。"芊芊点点头，抿着小嘴巴，继续折，最后完成了作品。

▶ 分析反思

1. 芊芊对手工操作类活动表现出浓厚兴趣，但对复杂的步骤程序把控仍存在一定困难；能集中注意力模仿操作；遇到障碍时，芊芊也能表现出良好的求助意识，主动向教师和同伴寻求帮助。

2. 教师根据幼儿兴趣，更新投放折纸示意图，激发孩子动手兴趣，提高动手能力。当幼儿遇到问题时，老师没有直接替幼儿操作，而是引导她发现问题，鼓励她向同伴寻求帮助。教师采用开放性提问，并给予肯定和鼓励，幼儿最终完成了作品，提升了幼儿解决问题的能力。案例中，教师根据幼儿的实际操作水平，有计划地安排一系列循序渐进的折纸活动。例如，先从简单的折纸开始，待幼儿掌握基本技能后再逐步增加难度，确保每位幼儿都能顺利完成。这样既能培养幼儿的动手能力，也能增强幼儿的自信心。

3. 在美工区定期投放新的折纸示意图，旨在培养幼儿的好奇心、探索欲望、动手实践能力和专注力。教师通过恰当的语言引导和肯定性反馈，为幼儿发展动手经验、独立思考和解决问题等重要能力奠定基础。同时锻炼了幼儿向同伴求助的技巧，如主动求助、虚心接受指导等，对培养良好的人格品质有积极作用。

4.鼓励幼儿互帮互助，已经掌握正确折纸方法的幼儿可以将自己的方法告诉遇到困难的幼儿，促进幼儿乐于助人的优良品质。

（石家庄市直机关第一幼儿园　杨文）

我设计的皮影

视频二维码

▶ 案例背景

室内区域活动时间，孩子们特别喜欢去非遗工作坊玩皮影，但大多数小朋友喜欢在幕布后面操控皮影，不愿意当观众。起初，小朋友自己讨论决定先到的 3 个人负责演皮影，后到的是观众。持续一段时间后，没人愿意再去玩皮影了，老师询问了原因。琪琪说："总是那几种没有意思了。"于是，老师在皮影区墙面上投放了制作皮影的几个步骤，让孩子们亲手去制作皮影。很快，很多小朋友都发现了墙面上的变化，拿着桌子上的材料开始探索。

▶ 环境对话

琪琪首先拿起水彩笔，在纸上开始绘画，画了一些图案以后，又拿着剪刀沿着大致轮廓剪了起来。

所有步骤完成之后，琪琪拿起皮影人摆弄起来："咦？这个皮影人怎么立不起来？"

这时，乐乐问琪琪："你在干什么啊？这是做的什么呢？"

琪琪："我在做皮影，你看墙上有做皮影的步骤。但是我这个皮影立不起来。"

乐乐看了看墙上的步骤图，说："琪琪，你看，人家用棍子让它立起来。"

琪琪又仔细看了看，恍然大悟："我知道了。"之后，从材料筐子里拿了一根一次性筷子开始修改。这时，乐乐也开始了她的皮影绘画。

越来越多的小朋友按照墙上的步骤图开始制作皮影。乐乐和琪琪商量着要一起制作"三打白骨精"皮影戏。

乐乐说："我来画孙悟空和唐僧，你画什么？"

琪琪说："我画白骨精和小姑娘，还有老婆婆。"

待她们把这几个皮影人都制作完成，就迫不及待地进入了皮影小剧场，演出开始了。

▶ 发现问题

精彩的皮影戏正在上映，但是小演员却在幕后讨论了起来。

萱萱说："我的手也会映在幕布上，这可怎么办啊？"

豆豆说："是不是你的手离幕布距离太近，你的手离幕布远一点儿。"

乐乐对豆豆的想法有疑问："手离幕布远一点儿，那皮影也映不上去了。"

她们尝试以后发现，手太往下，会拿不住筷子，皮影老掉在地上；筷子离幕布太远，皮影人的投影效果也会不好。孩子们正在思考解决的办法，但是离园时间到了，小朋友们只能放下手中的皮影，走出了小剧场。

▶ **解决问题**

小朋友离园以后，老师根据孩子遇到的问题，往皮影小剧场投放了一些瓶盖、果冻盒和更多的筷子。

第二天，这几个小朋友又来到皮影小剧场，他们发现多了一些新材料。

萌萌说："我要拿一个东西粘到它的后边，把它支撑起来。"说着她把一个瓶盖放到皮影画的背面，然后剪了一段胶带粘在了瓶盖上，两端粘到皮影画上，把瓶盖固定了起来。接着，她又用同样的方法，把筷子的顶端粘在了瓶盖的上面。

乐乐选择了一个果冻盒，在果冻盒的底部贴上双面胶，撕掉白皮，粘在皮影人后边。然后又用透明胶带把筷子的顶端粘在了果冻盒上。

琪琪说："我要把筷子变长一点儿，这样的话手就可以再往下一点了。"她先是把这两根筷子首尾相接，摆到了桌子上，然后用剪刀剪了一段胶带，用胶带把首尾相接处缠了起来。固定好以后，她就把筷子的顶端部分粘在了皮影人的背面。

皮影修改好以后，老师提议，琪琪、乐乐、萌萌在幕布后演绎皮影，再请两位小朋友当观众，在幕布前观看投影效果。

看完以后，观众认为乐乐和琪琪做的皮影人效果更清楚一些。

教师："你们觉得为什么果冻盒连接皮影人要比瓶盖连接的皮影

人投影效果更清楚呢？"

萌萌说："我知道了，因为果冻盒比较大，这样的话，手就离得远了。"

教师："因为果冻盒比瓶盖要高很多，那么果冻盒连接在中间，就会增加筷子和皮影画的距离，手拿着筷子，同时手离幕布距离增加，就不会把手也映上去，是这样吗？"

萌萌点了点头说："对。"

"那琪琪做的皮影人投影效果也比较清楚，你们知道是什么原因吗？"老师继续问。

豆豆说："琪琪用了两根筷子，支撑材料特别长，手离幕布的距离就比较远。"

这次讨论以后，大家继续设计自己喜欢的皮影戏，继续表演。

▶ 分析反思

1. 游戏中，教师创造条件和机会，为幼儿提供画笔、剪刀、纸张等工具和材料，让幼儿进行制作皮影的美工活动。皮影设计活动符合《指南》中的目标：4 ～ 5 岁幼儿能沿轮廓线剪出由直线构成的简单图形，边线吻合。

2. 案例中，幼儿通过与同伴讨论皮影人和筷子之间的连接方式，探索增加筷子和皮影画之间的距离，加强投影效果。

3. 要给予幼儿多种多样的游戏材料和工具，并且定期进行安全教育。比如使用剪刀时，不要把刀尖对着小朋友。此外，游戏过程中，教师要连续观察，并在合适的时机介入，为幼儿提供隐形帮助，让幼儿成为游戏的主体，推进游戏进程，帮助幼儿从游戏中获得直接经验。

（石家庄市桥西区际华苑幼儿园　许姗）

掉在地上的碎纸片

视频二维码

▶ **案例背景**

　　小班是幼儿良好生活卫生习惯养成的极其重要的阶段，一日生活每个环节中都体现着培养幼儿良好生活习惯。在游戏活动结束时，地面上出现很多碎纸片，可是没有幼儿去整理。对于地面上出现的碎纸片，该怎么办呢？

▶ **环境对话**

　　随着音乐声的响起，室内自主游戏接近尾声，孩子们都迅速地收拾起来：有的把自己完成的作品放到"成品摆放台"上；有的把未完成的作品放到"需要完善"的筐子里；有的把没有用到的废旧材料重新放到材料柜里；有的收拾操作工具……可是地面上出现了很多碎纸片却没人收拾。

▶ **发现问题**

　　快要开餐了，烨烨注意到散落一地的碎纸片，他走过去捡到手里，又继续在地上四处捡，一片、两片、三片……攥在小手里，快速地走到垃圾桶前，将手里的碎纸片扔进垃圾桶里，转身又去搜寻地上散落的碎纸片了。可碎纸片太多了，烨烨捡了一会儿就去盥洗室了，地面上仍有很多碎纸片。

▶ 解决问题

老师看到这种现象，把地面上遗留的碎纸片拍照记录下来，利用餐前时间，将照片放到电脑上和幼儿一起观看，并对"地上出现了太多的碎纸片，我们该怎么办"这个话题展开了讨论。

在观看完照片后，教师问幼儿："地面上有很多碎纸片，我们应该怎么做呢？"安安说："捡起来扔了。"老师接着问："你们有什么好的方法清理吗？"旁边的多多举手说："可以扫一扫。"皮皮说："每张桌子上准备一个装垃圾的盘。"

经过讨论，老师和幼儿一起制定了清理地面碎纸片的方法：（1）每次区域游戏时准备一个固定装垃圾的盘，放到操作桌上，操作过程中有了垃圾就放到垃圾盘里；（2）区域游戏结束后，自己收拾所在区域里的桌面垃圾和地面垃圾；（3）当天值日生负责检查地面垃圾，并用扫帚清扫，把垃圾倒到垃圾桶里。

游戏的同时，老师要实时巡视幼儿操作中出现的乱丢碎纸屑的情况，确保能关注到班级中所有幼儿，让观察与指导同步进行；老师还为幼儿提供适合幼儿使用的卡通迷你清扫工具，增强幼儿主动清扫，保持环境卫生的兴趣；老师还要起到榜样示范的作用；同伴间相互监督、老师及时鼓励和表扬幼儿等行之有效的方法，培养幼儿良好的整理卫生习惯。

按照这些方法，开始试行。一开始，还是会存在有丢落垃圾的现象，为了让幼儿有意识地去保持好的卫生习惯，老师对当天值日地面卫生干净的幼儿进行及时表扬。经过几次的榜样示范，幼儿更加积极主动地去收拾地面上的碎纸片，班级环境变得干净整洁了。

▶ 分析反思

1.3～6岁是习惯养成的关键时期，要让幼儿学会整理，帮助他们形成爱整洁、做事认真的良好习惯。在部分家庭中，幼儿被父母包办代替太多，从而缺失了一些自我服务、自我锻炼的机会。案例中，教师组织引导幼儿自觉主动且有序地收纳材料、收拾桌面、地面卫生等。

2. 小班幼儿的卫生习惯需要加强。案例中出现碎纸片没人打扫的现象，需要教师借助科学合理的方式帮助幼儿建立干净整洁的意识，养成良好的整理习惯和卫生习惯。结合图片、视频与幼儿提前讨论、预判游戏活动中会出现的情况，树立良好的卫生习惯。讨论中，教师可适时抛出一到两个具象问题，例如，区域游戏结束后，如何收拾桌面和地面的卫生，从而促成讨论的有效性。

3. 同伴交往是幼儿社会发展的一个环节，对于幼儿集体性认知、团体化行为有着良好的促进作用。在打扫卫生活动中，幼儿之间互相交流、彼此协商，可以促进幼儿社会交往能力的发展。

（石家庄市直机关第一幼儿园　周璇）

植物角的"小烦恼"

视频二维码

▶ **案例背景**

为培养幼儿亲近自然的情感,班级特意设立了植物角。本月竹子小朋友负责管理植物角,每日用心浇灌每一盆植物。但是,有一天,原本生机勃勃的铜钱草却突然蔫了,这一意外状况引起了孩子们的注意,进而触发了一系列对植物养护知识的探索。

▶ **环境对话**

这个月植物角的管理人员是竹子小朋友,竹子每天都早早来到幼儿园悉心地为每一盆植物浇水。每天都会拿起小水瓶,一盆挨着一盆浇,确保每一棵植物都喝得饱饱的。

▶ **发现问题**

星期一,竹子小朋友一大早就到植物角巡视,突然发现了一些问题,前几天还生机勃勃的铜钱草,仅仅过了一个周末,居然蔫了。

她抱着铜钱草委屈地说："铜钱草蔫了。"畅畅听到后急忙赶过来说："竹子，铜钱草怎么蔫啦？"竹子想了想说："我不知道。""没关系，我们去问问别的小朋友，看看能不能找到铜钱草蔫的原因。"畅畅说。

于是，针对铜钱草为什么会蔫的问题，小朋友们展开了讨论。

一一："肯定是放假两天没有浇水，它就干了。"

竹子反驳道："那为什么别的植物都没事？"

小宇："是不是太阳太晒了把它晒蔫了？"

言言："是有虫子把它咬坏了，所以它就蔫了。"

▶ **解决问题**

小朋友们各持己见，还是找不到铜钱草枯萎的原因。这时，铜钱草的小主人瑶瑶说："我想起来了，妈妈说铜钱草喜欢晒太阳，不对不对，不喜欢晒太阳……"

小伙伴们都着急了："到底是喜欢晒太阳还是不喜欢呀？"瑶瑶不好意思地笑了一下说："我也忘了，我回家再问问妈妈。"

第二天一大早，瑶瑶拿着一张自己绘制的铜钱草照护图来到了幼儿园，她迫不及待地和小朋友们分享自己的收获。

瑶瑶："我妈妈说，铜钱草特别喜欢晒太阳，没有阳光它就会枯萎；铜钱草也特别喜欢水，每天都要给它浇水，叶子上也要喷水。"

竹子："我只给它浇水，没有往叶子上喷水……"

言言："铜钱草肯定需要很多水才行，水太少它就枯萎了。"

教师："你们了解你们的植物吗？知不知道它喜欢什么呢？"

"不知道……"小朋友们纷纷摇头。

教师："那晚上回家大家可以请爸爸妈妈帮忙查查资料，看看你们的植物到底应该怎么照护，可以像瑶瑶一样整理成图片的形式来和小朋友们分享。"

第三天，小朋友们都带来了自己绘制的植物照护图，大家互相分享讨论。

琪琪："我的多肉不需要每天浇水，三天浇一次就行。"

勋勋："我的胡椒木也不需要太多水，但是它喜欢阳光……"

竹子认真听小朋友们分享不同植物的养护技巧，但是新的问题又产生了，植物角里有很多植物，怎样能让植物角的管理员清楚明白哪些需要多浇水，哪些需要晒太阳呢？小朋友们又开始了新的讨论。

小宇："可以像照护小鸟一样给植物做一个'身份证'，把植物的生活习性画在上面，喜欢晒太阳的就画个大太阳，需要浇很多水的就画一些水滴……"

小朋友们都同意了小宇的建议，于是所有的植物都有了属于自己的"身份证"，植物角管理员可以通过身份信息来更好地照护植物了。

▶ 分析反思

1.通过建立班级植物角，可以培养幼儿亲近自然的情感。《指南》中提出，要经常带幼儿接触大自然，激发其好奇心与探究欲望。通过植物角植物的生长习性发现植物的生长规律，激发幼儿探索的欲望。

2.鼓励幼儿自己尝试解决问题。当幼儿发现植物角的铜钱草突然枯萎后，教师引导幼儿去探索铜钱草枯萎的原因，让幼儿在探究中思考，尝试发现枯萎的原因，通过搜集资料并进行讨论来得到解决问题的方法。

3.培养幼儿照护植物的责任意识。当幼儿成为植物角的管理人员时，就会承担植物相应的照护责任，通过每天对植物的观察和照护，可以让幼儿逐步建立起相应的责任意识。

（石家庄市桥西区际华苑幼儿园　杜梦茜）

第三节 集体活动

集体活动注重教师的预设，反映教师在观察幼儿最近发展区基础上对幼儿发展的把握，是教师按照一定的教育目标，依据一定的原则，有目的、有计划地组织全体幼儿进行有效学习的活动。它对于幼儿的发展有着积极的意义。集体活动可以让幼儿与教师、同伴就同一问题开展交流互动、分享经验，体会师幼互动学习、同伴互动学习的乐趣，从而形成积极的学习态度；它也可以融合多个领域的知识经验获得相对系统的提升。

微信扫码
AI 教学助手
内容图谱
知识图卡
保育笔记

怎么就能让绳索滑得远

视频二维码

▶▶ 案例背景

在户外游戏过程中，花草园的绳索引起了小朋友的注意，在尝试滑行过程中，总会有各种各样的问题出现，"你是怎么滑过去的呢？怎么我就滑不过去？""你怎么滑到终点的呀？"有时候滑得远，小朋友都会很兴奋，绳索滑得近一些，小朋友们就会很泄气，就会有很多的问题，那如何在滑绳索游戏中滑得远呢？

▶▶ 环境对话

在滑绳索的区域里，小朋友们围在一起，在探讨着这个绳索怎么能滑很远。

萱萱："这个是怎么滑下来的？"

开开："芊芊，你可以滑到终点吗？"

豆丁："为什么我就滑不到终点呢？我总是一半就掉下来了。"

一朵："我滑到一半绳索就不动了。"

十一："我总是握不好把手。"

芊芊："向前蹬的时候我的脚还使不上劲呢。"

萱萱："嗯，那我们是不是可以踩个什么呢？"

开开："你们看，那儿有好多工具，我们过去看看能不能用得上。"

教师仔细观察着幼儿活动，并与幼儿一起讨论如何让绳索滑得更远。

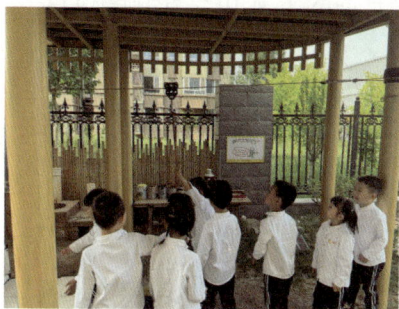

▶ **发现问题**

初次尝试时，小朋友们略显紧张，不知道怎么滑下来，虽然没有滑到终点，小朋友们也都踊跃地尝试滑绳索，不知道怎么就能滑得很远，也不知道借助什么样的工具能帮助自己滑得更远，小朋友们不断地去尝试，通过游戏时小朋友之间的对话，教师发现他们在探讨怎么能滑得远一些。这个时候，教师及时抓住契机，在现场和孩子们进行了探讨。

▶ **解决问题**

教师："我刚才看到芊芊滑得很远呢，我们一起过去问问她。"

朵朵："芊芊，我握不住把手，滑到一半就停了。"

芊芊："你可以四个手指朝上，大拇指朝下握住。"

田田："对，还可以试试反着握住把手。"

桐桐："是怎么反着握呢？你可以示范一下吗？让我看一看。"

芊芊："就是四个手指反着朝上握，然后大拇指也是。"

教师："原来握把手的方式也会影响我们是不是能滑得远，刚才芊芊小朋友给我们分享了一个方法，小朋友们可以试一试，看看哪种方式更适合自己。"

幼儿回到室内进行绘画分享时，都在讨论芊芊的这个方法不是很明显，滑绳索的问题继续，教师利用这个时间去户外给幼儿填充了一些辅助材料，例如，白凳子、轮胎、地垫、奶粉桶、绳子等。

第二次户外活动时，幼儿又来到了滑绳索区域，发现了这些辅助材料，幼儿借助辅助材料又一次对滑绳索如何滑得远进行了尝试。

文文："快来帮我，把手不动了，不往前滑了，我要掉下来了。"

田田："我去拿垫子放在下面保护你。"

文文："怎么能掉不下来呢？"

陌陌："可以使劲蹬一下白凳，也不能太使劲蹬，这样也蹬不倒白凳，也不会碰到后面的小朋友。"

琪琪："我们还可以停下来了以后让其他的小朋友帮助我们一下。"

芊芊："对，他们可以在前面拉着绳子，拽着我们走。"

教师："哇，原来我们不仅可以借助其他工具，还可以借助同伴的力量，让我们可以滑得更远一些。这么多好办法，让我们一起试试吧！"

小朋友们通过讨论得出方法并再次验证。

再次尝试时，小朋友都迫不及待地去滑绳索。有的用不同手指握住把手向下滑；有的双手紧紧握住把手，用脚使劲蹬一下白凳子，借助惯力向下滑；还有的小朋友一起合作，一个小朋友握住把手，另一个小朋友拽住前面的绳子一起向下滑……小朋友们在尝试中找寻方法，教师只需给足幼儿安全的环境、充足的材料，以不断适应幼儿活动与发展的需要。

▶ 分析反思

1.当幼儿发现一个新鲜事物时，勇于尝试、探索，在尝试滑绳索怎么能够滑得更远的时候，会和同伴一起探讨，商量出其他的办法，例如，使劲踩凳子，借助材料发力；尝试不同握住把手的方法；还可以借助其他小朋友的力量等。

2.案例中幼儿在尝试滑绳索的过程中，遇到各种各样的问题，教师及时关注耐心观察并且记录下来，在集体分享的时候教师给予了一定的引导，让幼儿不断地去讨论、尝试，验证。

3.幼儿在不断地尝试滑绳索时，也锻炼了平衡和耐力，增强体质的同时能感觉到身体的一个变化。在户外场地中教师应积极为孩子创设良好的活动环境，给予幼儿安全的游戏环境，定期检查绳索是否安全、稳固。游戏时，教师要合理分工站位，确保能关注到班级中所有幼儿，让观察与指导同步进行。

（石家庄市桥西区际华苑幼儿园　张京）

种土豆

视频二维码

▶ **案例背景**

　　教师在观察幼儿活动时发现，很多幼儿不能完成"双脚并齐连续跳"这个动作。幼儿基本的身体动作对后续的身体发展和学习有着重要的作用，所以需要一个游戏来辅助幼儿进行练习。沙包和灵敏圈是一种常见的小型游戏器械，易搜集、易使用、玩法多。幼儿非常喜欢用灵敏圈和沙包来创设游戏，如何使用两种器械自然地训练幼儿正确的体能动作呢？教师发现幼儿自创的游戏——"种土豆"非常适合练习"双脚并齐连续跳"这个动作，通过梳理、调整、尝试、提取动作等环节，引导幼儿能更加规范地完成该动作。教师遵循"以幼儿为主体，以游戏为基本活动"的教育理念，将活动融入情景中，使枯燥的体育动作有了一定的趣味性，提高幼儿的兴趣和参与度。

▶ **环境对话**

　　在户外游戏的时候，教师发现依依把灵敏圈一个挨着一个摆放成一竖列，并用双脚夹住沙包，借助双脚的力量把沙包夹起来跳到另一个灵敏圈中去。

在故事分享环节，教师请依依分享自己的游戏故事，依依说这个游戏名字叫做"种土豆"，就是把沙包一个一个"种"到灵敏圈做的"地里"，这样就能长出很多土豆，就像我们植物角的土豆一样。

老师将依依的游戏故事张贴在班级的作品墙上，吸引幼儿的注意，方便幼儿随时探讨这个游戏。

▶ 发现问题

越来越多的幼儿加入"种土豆"游戏当中，每天户外游戏时间，都能看到幼儿把灵敏圈铺满了场地，一人一个沙包"种土豆"。游戏的趣味性有了，接下来要解决的是幼儿动作规范问题。

▶ **解决问题**

游戏分享时间，教师请幼儿说一说自己是怎么将"土豆"种到"地"里的。

曦曦："我的两只脚使劲夹着沙包，要不就掉下来了。"

硕硕："两个灵敏圈要挨在一起，要不我跳不过去。"

老师将曦曦提到的"力量"和硕硕提到的"位置"分别记录在方法表上面。

乐乐："要先蹲一下，才能跳起来。"

可可："蹲下去的时候两只手要把拳放在身体的两边。"

悦悦："跳的时候，手臂还要使劲向上面提，和身体一起跳起来。"

安安："眼睛还要看着前面的灵敏圈。"

教师将幼儿提到的动作要领补充记录在方法表上。继续提问："你们在'种土豆'的时候，有遇到什么困难吗？你是怎么解决的？"

凡凡："沙包总是掉下去，我使劲了还是夹不住。"

曦曦："我把沙包夹在两只脚的中间，一定要夹紧了再跳。"

凡凡："我夹紧了呀，还是掉。"

教师："我们来看一看凡凡是怎么跳的，帮他找一下沙包总是掉的原因。"

凡凡进行现场示范。

硕硕："我看到了，凡凡的脚跳起来的时候就打开了，所以沙包才会掉下来。"

教师："那应该怎么解决呢？"

硕硕："两只脚要一直夹在一起，跳起来的时候也不能松开。"

教师："凡凡用硕硕提供的方法再来试一试吧！"

凡凡进行调整后的第二次尝试，成功地将"土豆"种到了"地"里。

在后续的活动中，每天都有幼儿提出自己在游戏中遇到的问题，大家通过动作解析帮助该名幼儿规范自己的动作。

▶ **分析反思**

《指南》中指出：教师要善于发现幼儿感兴趣的事物、游戏和偶发事件中所隐含的教育价值，把握时机，积极引导。教师通过观察幼儿的日常活动，及时发现了依依小朋友创设的"种土豆"游戏，放大游戏辐射到全班幼儿。通过游戏分享自然吸引其他幼儿的注意，引起幼儿对活动的兴趣。因为有了游戏情景和游戏材料的加持，使原本比较枯燥的功能性动作练习充满了趣味性，幼儿也因此更加愿意参与到活动中来。

1.遵循幼儿发展规律，有效促进幼儿基本动作的学习。将单一的动作练习融合到游戏中，使幼儿自然地练习动作。创设活动情境，增加任务条件，提高幼儿参与活动的积极性。此外，还可以制定小组赛、团体赛的游戏规则，鼓励幼儿进行合作，共同完成一些团队任务，培养幼儿的团结协作精神。

2.尊重幼儿的主体性，促进幼儿学习品质的提升。当发现问题的时候，引导幼儿梳理自己的问题，并由大家帮助解决，在规范动作的同时为幼儿提供了完整的"发现问题、分析问题、解决问题、总结经验"的思维模式，在锻炼身体的同时培养幼儿喜欢探究的学习品质。

（石家庄市桥西区际华苑幼儿园 冯静芝）

动物园的"管理员"

视频二维码

▶ **案例背景**

中班下学期，班级开展了"动物园"主题教育活动，本主题主要培养幼儿的合作意识、集体意识。前期场馆筹建制作时，幼儿进行得很顺利，但是随着场馆内设施数量的增加，各种问题也随之而来。针对这些问题，教师与幼儿共同讨论、寻找解决办法。

▶ **环境对话**

到了场馆筹建的时间，孩子们紧锣密鼓地制作自己场馆中的设施，制作完成后到了分享时间，每个场馆由一名幼儿代表介绍自己的场馆。

负责介绍大象馆的是栋栋，他先介绍了大象休息的地方，随后指着一个作品说："我不知道这些是什么。"又指着左侧的设施说："这个本来是一棵树，但是晨晨把树叶都扔掉了。"

同组的晨晨站出来说："我不是故意的，我以为是垃圾，就给扔掉了。"

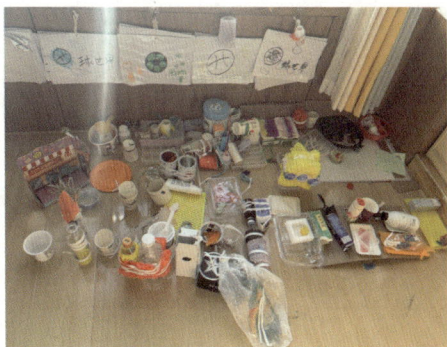

▶ 发现问题

通过此次介绍，教师发现小朋友对于本场馆其他同伴制作的场馆设施并不熟悉，同时存在设施摆放杂乱的问题，所以导致同组成员不清楚作品的功能，部分作品被当作垃圾移出展馆。

▶ 解决问题

针对这种情况，教师找来上一届幼儿对动物园场馆进行分享介绍的视频让本班幼儿观看，并请幼儿分享感受进行讨论。

教师："我们一起来看看哥哥姐姐的动物场馆是如何搭建的，请小朋友仔细观看，观看结束请说一说有什么感受。"

观看视频。

成成："我感觉哥哥姐姐的场馆很整齐，也很干净。"

音音："哥哥姐姐们能介绍出好多场馆的设施，我们都不知道自己场馆里的作品是什么设施。"

随着问题的出现，教师抓住契机继续播放场馆的制作视频。

教师："看了哥哥姐姐们制作场馆的过程，你有什么感受？我们怎样解决现在出现的问题呢？"

佳音："我觉得我们组可以每次制作完大家分享一下，这样我们就知道都有什么，然后我们一起商量整理。"

成成："我们组准备轮流当管理员，去管理场馆的卫生和场馆物品的摆放。"

教师："小朋友们找到了很多方法,有分享作品共同整理的方式,也有轮流负责整理的方式,如果在整理过程中有更好的方法,我们可以继续分享。"

小朋友们讨论出了场馆物品的摆放以及卫生管理问题的解决办法,每个组选择了自己组员认可的整理方式,很快动物场馆就变得干净又整齐。

▶ 分析反思

1. 中班上学期幼儿的制作以平行游戏为主,并没有合作搭建场馆的经验,所以在动物场馆筹建初期出现相互不了解场馆设施的情况。教师通过出示以往幼儿的视频和图片,给予幼儿启发,引导幼儿发现问题,再通过小组讨论、集体讨论的方式解决问题,从而促进幼儿合作意识,推进幼儿任务意识发展。

2. 同时,本阶段幼儿在解决场馆整理问题时,教师以引导者和支持者的角色,通过间接教育的策略,如视频、图片来引导幼儿发现问题,再通过小组讨论寻找解决问题的方案,在自主探索的过程中,幼儿的思维能力和合作意识得以发展。

3. 在后期班级可以将场馆整理问题持续推进,及时进行讨论,发现问题,选择多种方式解决问题,促进幼儿对于任务意识的深入,以及收纳整理习惯的养成。

（石家庄市桥西区际华苑幼儿园　王铭星）

附录：评估量表

参考文献

[1] 崔利玲 . 沿着"活教育"的轨迹前行 [M]. 南京：江苏凤凰少年儿童出版社，2015.

[2] 程学琴 . 放手游戏　发现儿童 [M]. 上海：华东师范大学出版社，2019.

[3] 南京实验幼儿园 . 幼儿园综合课程 [M]. 南京：南京师范大学出版社，2016.

[4] 宋文霞，王翠霞 . 幼儿园一日生活环节的组织策略 [M]. 北京：中国轻工业出版社，2022.

微信扫码

AI 教学助手
内容图谱
知识图卡
保育笔记